高等职业教育财务会计类专业系列教材

财务大数据分析与可视化

主　编　陈　娟
副主编　陈思维　石　旦
参　编　王雅婷　王　妍　曹艳平

机械工业出版社

在当前大数据时代背景下,本书将 Excel 数据基础分析与 Power BI 可视化分析作为教学内容,以自编案例数据表格为载体,采用一步骤一图表的形式设计教学内容,突出培养学生的规范性、参与性与主动性。全书分为两个模块,共五个项目,逻辑主线分明,知识内容由浅入深。模块一是有关 Excel 软件的功能介绍,包括三个项目:Excel 数据基础、Excel 数据处理、Excel 数据分析与决策。模块二是有关 Power BI 软件的功能介绍,包括两个项目:Power BI 可视化基本应用和财务数据可视化综合应用。

本书配有电子课件、教学代码、操作视频等教学资源,可作为高等职业院校财务会计类专业的教材,也可作为从事数据处理与分析工作的业务人员以及对财务知识与工作感兴趣的人士的参考用书。

图书在版编目(CIP)数据

财务大数据分析与可视化 / 陈娟主编. —北京:机械工业出版社,2023.6
ISBN 978-7-111-73192-4

Ⅰ. ①财… Ⅱ. ①陈… Ⅲ. ①会计分析—可视化软件—高等职业教育—教材 Ⅳ. ① F231.2-39

中国国家版本馆 CIP 数据核字(2023)第 088894 号

机械工业出版社(北京市百万庄大街 22 号　邮政编码 100037)
策划编辑:乔　晨　　　　　　　责任编辑:乔　晨
责任校对:贾海霞　梁　静　　　封面设计:王　旭
责任印制:刘　媛
涿州市般润文化传播有限公司印刷
2023 年 7 月第 1 版第 1 次印刷
184mm×260mm・11 印张・238 千字
标准书号:ISBN 978-7-111-73192-4
定价:49.00 元

电话服务　　　　　　　　　　网络服务
客服电话:010-88361066　　　机　工　官　网:www.cmpbook.com
　　　　　010-88379833　　　机　工　官　博:weibo.com/cmp1952
　　　　　010-68326294　　　金　书　网:www.golden-book.com
封底无防伪标均为盗版　　　机工教育服务网:www.cmpedu.com

前　言

PREFACE

党的二十大报告提出加快发展数字经济，促进数字经济和实体经济深度融合。数字经济对企业财务人员工作能力提出了更高的要求。在此背景下，财务人员不仅要具备良好的职业道德，精通财务知识，更要掌握数字技术和信息技术，提高数据挖掘、加工和分析能力，帮助企业快速实现业财融合，为企业管理决策提供有效的支持，推动企业提升管理水平。当前市面上存在诸多数据处理软件，其中 Excel 的数据分析功能强大，可以帮助人们对业务数据进行整理与分析，Power BI 侧重于数据的可视化分析，优点在于可以将繁杂的数据变成真正有用的信息。

在当前大数据时代背景下，本书将 Excel 数据基础分析与 Power BI 可视化分析作为教学内容，以自编案例数据表格为载体，采用一步骤一图表的形式设计教学内容，突出培养学生的规范性、参与性与主动性。全书分为两个模块，共五个项目，逻辑主线分明，知识内容由浅入深。模块一是有关 Excel 软件的功能介绍，包括三个项目：Excel 数据基础、Excel 数据处理、Excel 数据分析与决策。模块二是有关 Power BI 软件的功能介绍，包括两个项目：Power BI 可视化基本应用和财务数据可视化综合应用。

本书在编写过程中力求体现以下特色：

（1）紧密联系实际，融入赛证。本书始终紧密联系工作实际，以日常的数据处理与分析工作内容作为素材进行编写，零基础的学生也可以边做边思考，快速上手操作。另外书中项目三融入赛证技能要求，适合学习基础较好的学生进行针对性的技能提升。

（2）注重培养解决问题的能力。本书以项目引领、任务驱动式的教学方式，把学生解决问题能力放在首位，将 Excel 与 Power BI 软件相结合，注重培养学生高效工作的能力。每一个项目都遵循"学习目标—任务情境—知识导图—基础知识—操作工具—操作步骤—任务小结"的模式进行编写，合理安排操作技能点，对主要的技能点都配有对应的技能操作练习题进行巩固。

（3）课程资源丰富。本书配套的课程资源丰富，形式多样。对实操知识点书中都配有二维码视频，学生可扫码进行观看与学习，以帮助学生理解。

本书由湖南电气职业技术学院陈娟担任主编，陈思维、石旦担任副主编。各项目编写分工如下：陈娟编写项目四、五，陈思维编写项目二、三，石旦编写项目一，王雅婷、王妍、曹艳平负责习题与课件制作等工作，全书最后由陈娟负责统稿。

为方便教学，本书配有电子课件、教学代码、操作视频等教学资源。凡使用本书的教师均可登录机械工业出版社教育服务网 www.cmpedu.com 下载。咨询可致电：010-88379375，服务 QQ：945379158。

本书在编写过程中参考了有关专家的著作，在此一并表示感谢。由于编者水平有限，书中难免有疏漏和不当之处，敬请读者批评指正，我们将进一步修正与完善。

编　者

二维码索引

QR Code Index

序号	微课名称	二维码	页码	序号	微课名称	二维码	页码
1	数据的编辑与基本设置		5	11	一般投资方案的选择		54
2	公式的设置与规范		10	12	固定资产更新方案的选择		56
3	函数的运用		15	13	现金分析与决策		62
4	数据的排序		22	14	存货模型		63
5	数据的筛选		26	15	应收账款分析与决策		64
6	数据的统计		30	16	销售分析与决策		69
7	图表的制作		35	17	单因素分析		71
8	预测资金的需用量		45	18	多因素分析		72
9	运用比较资本成本法确定最佳资本结构		48	19	财务报表指标分析		77
10	运用每股收益分析法确定最佳资本结构		49	20	总资产结构图与趋势图的制作		80

（续）

序号	微课名称	二维码	页码	序号	微课名称	二维码	页码
21	财务报表综合分析		81	24	数据建模		106
22	数据导入		90	25	数据度量		111
23	数据清洗		97	26	数据可视化		116

目录 CONTENTS

前言

二维码索引

模块一　Excel 数据运用

项目一　Excel 数据基础 2

- 任务一　数据的编辑与基本设置 2
- 任务二　公式的设置与规范 7
- 任务三　函数的运用 12
- 技能操作练习题 18

项目二　Excel 数据处理 20

- 任务一　数据的排序 20
- 任务二　数据的筛选 24
- 任务三　数据的统计 28
- 任务四　图表的制作 33
- 技能操作练习题 38

项目三　Excel 数据分析与决策 39

- 任务一　筹资分析与决策 39
- 任务二　投资分析与决策 51
- 任务三　营运资金分析与决策 58
- 任务四　收入分析与决策 66
- 任务五　财务指标分析与决策 74
- 技能操作练习题 84

目录 CONTENTS

模块二 数据可视化：从 Excel 到 Power BI

项目四 Power BI 可视化基本应用 88

- 任务一 数据导入 88
- 任务二 数据清洗 95
- 任务三 数据建模 104
- 任务四 数据度量 108
- 任务五 数据可视化 113
- 技能操作练习题 125

项目五 财务数据可视化综合应用 126

- 任务一 资产负债表可视化设计 126
- 任务二 财务指标可视化设计 150
- 技能操作练习题 167

参考文献 168

模块一
Excel 数据运用

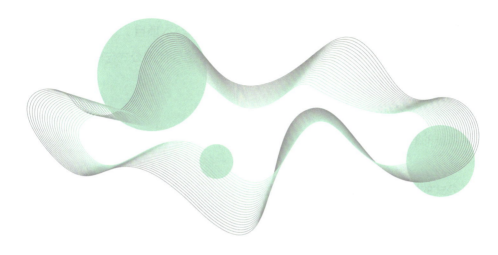

引 言

在当前大数据时代背景下,企业日常经营业务繁多,在处理这些经营业务时,财务人员有责任和义务将社会主义核心价值观的内在要求转化为实际行动,爱岗敬业、遵纪守法、诚实守信。同时,要不断提高自身的数据处理与分析的能力,学会运用高效的软件进行财务管理。

Excel作为专业的数据处理与分析软件,几乎成为职场中财务岗位必备的办公利器,也成为账务人员的得力帮手。Excel具有以下几个特点:功能强大、流通性强、成本低。作为账务人员,要把每个数据写清楚、算准确,这样才能将账务数据工作管得细、做得好。让数据的价值体现出来,让大家看得到、看得懂、用得着,这样才能真正体现账务工作的价值。

项目一
Excel 数据基础

学习内容

本项目主要介绍Excel的数据基础知识。通过学习本项目，学生可以了解Excel工作簿的基本功能，掌握Excel的基本操作，学会使用公式与函数进行数据计算。

◎ 项目典型工作任务

- 数据的编辑 ● 数据的填充 ● 工作表的编辑 ● 工作表的格式化 ● 工作表的保护
- 公式的设置 ● 单元格的引用 ● 数组公式
- 函数的使用 ● 常用函数

任务一　数据的编辑与基本设置

◆ 学习目标 ◆

本任务主要介绍数据的编辑与基本设置等内容，要求学生熟悉Excel工作簿的使用方法，掌握Excel进行基本数据编辑操作的方法，逐步学会运用Excel进行数据的编辑与基本设置。

[任务情境]

湖南瑞可可饮品股份有限公司销售部员工小丽刚来公司不久，领导交给她一项任务，要将公司2023年6月各市州所属门店的重要客户资料整理出来，由于公司的门店遍及各个市州，她不知道如何着手完成这项工作，请帮助她运用Excel工作簿提供的工具解决这个问题。

[知识导图]

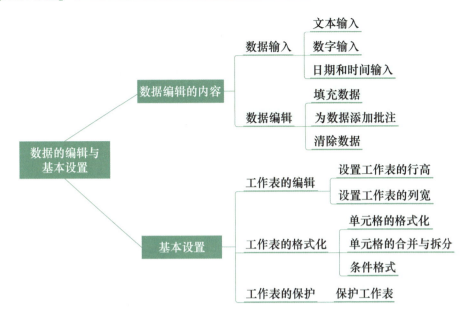

[基础知识]

如果要想解决任务情境中销售部小丽遇到的问题，需要熟悉 Excel 的基本操作知识，主要包括两个部分：数据编辑的内容与基本设置。

一、数据编辑的内容

在日常工作中经常会遇到各类数据，需要对各种类型的数据依次进行输入和编辑。

1. 数据输入

常见的数据输入主要分为以下三类：文本输入、数字输入与日期和时间输入。

（1）文本输入。文本数据包括字母、汉字字符、数字和键盘符号组合等，如表格中出现的标题就是文本数据。Excel当中如果要输入文本数据，先要鼠标双击选定单元格，然后输入相应的文本内容，如果发现输入有错误，可以使用【Backspace】键进行删除，输入完毕按【Enter】键即可。文本内容是默认左对齐的。

> **注意**：① Excel中每一个工作表中的单元格最多可以包含32000个字符，如果超出了会被隐藏起来，此时可以进行自动换行，按【Alt+Enter】组合键就能够看到全部内容。
> ② 如果有些数字想作为文本处理，可以在数字前加上一个单引号"'"或者修改单元格格式，选择文本类型即可。

（2）数字输入。数字数据也是非常常见的一种数据类型，数字内容默认是右对齐的。在输入数字时要求比较严格，输入的数字内容主要包括"0、1、2、3、4、5、6、7、8、9"。

> **注意**：①Excel中如果想输入负数，可以在数字前加负号"-"。
> ②分数输入时需要加上0与空格，如输入"0 1/2"才会显示出1/2。
> ③如果输入的数字较长，单元格中会自动用科学计数法显示出来。例如：2.34E+09表示2.34乘以10的9次方。

（3）日期和时间输入。Excel中的日期和时间有多种显示格式，如果Excel能够识别出是日期和时间，则单元格的格式会自动更改为默认的日期或时间格式。输入日期时可以用斜杠或负号分隔开来，例如在单元格中输入日期"10-15"，按【Enter】键后单元格内容会自动改为"10月15日"。

> **注意**：①Excel中如果想快速输入当前日期，可以按组合键【Ctrl+;】（Ctrl和分号键）。
> ②Excel中如果想快速输入当前时间，可以按组合键【Ctrl+Shift+;】（Ctrl、Shift和分号键）。

2. 数据编辑

（1）填充数据。当相邻的多个单元格中的输入内容较多且存在重复时，不必逐个输入，可以利用Excel的填充功能，提高数据输入的效率。

鼠标选中单元格，移至单元格右下角此时会出现一个黑色的十字，这个十字称为"填充柄"，拖动填充柄，可以实现数据的填充。如果填充的数据有特殊要求，可以选择【开始】功能区中的【填充】，然后选择【序列】进行相应的设置，包括选择类型和输入步长值等。

> **注意**：填充的内容可以为数字，也可以为文本、日期等。

（2）为数据添加批注。如果有些单元格的内容有特殊的意义或解释，可以选择给单元格中的数据添加批注。选择【审阅】功能区，然后选择【新建批注】。

> **注意**：如果单元格已有批注，也可以进行修改或删除。

（3）清除数据。如果单元格的内容存在错误或者不需要时，可以选择清除数据。选择【开始】功能区中的【清除】，下拉列表中有多种方式可以选择，既可以清除内容，也可以清除格式，还可以全部清除。

> **注意**：【Delete】键用于清除单元格中的内容，不能清除单元格的格式。

二、基本设置

对工作表和数据进行基本设置和处理，可以使工作表更加清楚与美观。工作表的基本设置主要包括：工作表的编辑、工作表的格式化、工作表的保护。

1. 工作表的编辑

（1）设置工作表的行高。打开工作表后，行是用数字命名的，一般而言，工作表的行高都是相同的。但是有的表格需要设置不同的行高，可以选择用鼠标拖动的方式，但是此种方式行高不精确，因此可以选择【开始】功能区中的【格式】，然后选择【行高】，通过输入新的行高数值来调整行高。

（2）设置工作表的列宽。工作表的列是用字母命名的，工作表的列宽与行高类似，工作表的列宽也都是相同的，因此可以选择用鼠标拖动的方式调整列宽，也可以选择【开始】功能区中的【格式】，然后选择【列宽】，通过输入新的列宽数值来调整列宽。

> **注意**：不管是行高还是列宽，都可以利用Excel提供的自动调整行高或列宽方式完成设置。

2. 工作表的格式化

（1）单元格的格式化。每一张工作表都是由具体的单元格组成的，每一个单元格都是由行和列组成的，因此对工作表进行格式化可以使工作表更加美观，也方便阅读和使用。

单元格的格式化可以对字符的字体、大小、颜色等进行设置。可以单独进行单元格内容的格式化设计，也可以套用Excel提供的单元格样式直接进行格式化，这样的方式能够快速实现单元格格式的规范与统一。

（2）单元格的合并与拆分。在日常工作中，很多表格的框架是不相同的，需要将单元格进行合并或拆分。合并单元格是指将多个单元格合并为一个单元格，一般多用于表格的标题。可以选择【开始】功能区中的【对齐方式】组，进行单元格的合并。单元格合并后如果发现有问题，可以撤销合并操作，也可以对合并的单元格进行拆分，拆分单元格与合并单元格是相反的，操作方法类似。

（3）条件格式。使用条件格式是指可以根据指定的要求确定好规则，然后Excel会自动按照该规则搜索出符合条件的单元格进行颜色的填充。例如，对于销售信息表中的销量，大于10的用红色填充。

3. 工作表的保护

工作表的保护是指通过隐藏的方式防止其他人员对工作表中的信息进行更改。Excel提供了工作表的保护功能，主要是通过锁定工作表来对编辑权限进行设置。选择【审阅】功能区中的【保护】组，单击【保护工作表】，弹出"保护工作表"对话框，输入取消工作表保护时使用的密码（用户输入的密码一定要记住），还可以选择要保护的内容。

[操作工具]

运用Excel进行数据的编辑与基本设置的主要工具见表1-1。

表1-1　运用Excel进行数据的编辑与基本设置的主要工具

任务技能点	Excel 中可以运用到的主要工具
数据的编辑与基本设置	工作簿的新建
	合并单元格
	工作表的格式化
	条件格式
	工作表的重命名

[操作步骤]

下面开始以任务情境中湖南瑞可可饮品股份有限公司销售部小丽面临的问题为例，运用Excel进行操作。

操作步骤如下：

第一步：在桌面鼠标右击选择【新建】，然后选择【Microsoft Excel 工作表】，将该文件重命名为"6月销量重要客户表"，如图1-1所示。

图1-1　新建工作簿

第二步：双击打开"6月销量重要客户表"，在A1单元格中输入表的标题为"6月销量重要客户表"，选择A1：G1区域，将该区域合并单元格并进行格式化。要求：居中显示，字体为黑体16号，加边框，如图1-2所示。

第三步：输入各列数据的标题。从A2单元格开始向右依次输入"门店""姓名""年龄""产品名称""价格""销量""销售收入"，并将各列标题格式化。要求：居中显示，字体为宋体12号，颜色为白色，单元格填充为绿色，如图1-3所示。

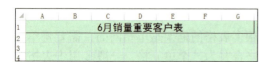

图1-2　输入表格标题

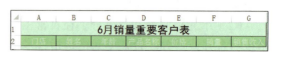

图1-3　输入列标题

第四步：输入表格中原始数据内容（由于篇幅有限，此处只列出部分数据信息），并将表中的数据格式化。要求：居中显示，字体为宋体11号，如图1-4所示。

	A	B	C	D	E	F	G
1	6月销量重要客户表						
2	门店	姓名	年龄	产品名称	价格	销量	销售收入
3	长沙市	李丽	18	可乐	3.5	10	
4	湘潭市	陈超	29	汽水	2	10	
5	临武县	刘伟一	35	鲜榨果汁	6	12	
6	长沙市	陈莉莉	14	鲜榨果汁	6	10	
7	长沙市	王鹏	19	可乐	3.5	15	
8	长沙市	赵强	20	可乐	3.5	10	
9	资兴市	孙璇	22	绿茶	6	10	
10	资兴市	周超	30	可乐	3.5	10	
11	湘潭市	吴巧云	28	汽水	2	10	
12	湘潭市	郑妍妍	29	茉莉花茶	6	10	
13	临湘市	张珊琳	18	营养快线	6.5	20	
14	资兴市	李好	29	鲜榨果汁	6	10	
15	衡阳市	张宏明	35	可乐	3.5	10	
16	资兴市	陈晨泽	14	可乐	3.5	11	
17	长沙市	邓卫国	19	优酸乳	3.5	12	
18	桂东县	钱铭	20	汽水	2	13	
19	衡阳市	钟玉娟	22	营养快线	6.5	14	
20	衡阳市	钟明	30	营养快线	6.5	10	
21	长沙市	吴丽	28	汽水	2	10	
22	长沙县	于明	29	汽水	2	10	
23	衡东县	徐文婷	18	可乐	3.5	10	
24	衡阳市	许娴敏	29	鲜榨果汁	6	10	
25	资兴市	单文欣	21	鲜榨果蔬混合汁	10	12	
26	长沙市	刘晓文	14	鲜榨果蔬混合汁	10	10	
27	长沙市	林悦	19	绿茶	6	10	

图1-4　输入数据内容

数据输入小技巧

对于重复性内容，可以选择采用"复制粘贴"快捷键【Ctrl+C】【Ctrl+V】，也可以采用快速输入方式（先选择定位好单元格，然后按住组合键【Ctrl+Enter】）。

注意：由于数据较多，因此在输入的过程中务必要仔细。每一个数据内容都不能出错，如果出错将影响后续的计算。

第五步：选择F3：F27销量列数据，然后选择【开始】功能区中的【条件格式】→【突出显示单元格规则】→【大于】，在弹出的"大于"对话框中输入"15"，设置为"浅红填充色深红色文本"，然后单击【确定】按钮即可，如图1-5所示。

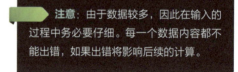

图1-5　条件格式设置

操作后，其中临湘市的一位客户张珊琳的销量记录就被填充成了红色，得以显示出来，如图1-6所示。

第六步：双击工作表Sheet1，重命名为"6月销量重要客户表"，如图1-7所示。

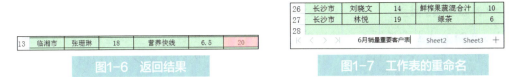

图1-6 返回结果　　　　　　　　图1-7 工作表的重命名

最后，鼠标单击上方的保存按钮，将制作好的"6月销量重要客户表"进行保存。

[任务小结]

对于日常的数据处理，运用Excel会更加便捷，它能够非常方便地进行数据的采集，同时也具有多种强大的功能，同学们在工作中要多运用Excel软件，以提高效率。

任务二　公式的设置与规范

◆ 学习目标 ◆

本任务主要介绍公式的设置与规范，要求学生熟悉Excel中的基本运算符，掌握Excel利用公式进行数据计算的方法，逐步学会运用Excel进行公式的设置与数据计算。

[任务情境]

湖南瑞可可饮品股份有限公司销售部员工小丽已经将公司2023年6月各市州所属门店的重要客户资料初步整理出来了，保存为"6月销量重要客户表"，但是小丽不知道如何完成接下来的数据计算工作，请帮助她运用Excel提供的工具解决这个问题。

[知识导图]

[基础知识]

如果要想解决任务情境中销售部小丽遇到的问题，需要熟悉Excel中公式设置的基本方法与规范。

一、公式的设置

Excel 的公式需要遵循一个特定的语法结构，它是由数值与基本运算符构成的一个表达式序列。在输入公式时以"="开头，公式中包括的内容比较多，如数值、引用的单元格或引用的单元格区域等。

1. 基本运算符

运算符是公式当中的基本要素，Excel 中提供了四种运算符。分别是：算术运算符、比较运算符、文本运算符和引用运算符。

（1）算术运算符：用于完成基本的数学运算。

（2）比较运算符：用于比较两个数值，返回的是一个逻辑值True（真）或者False（假）。

（3）文本运算符：用于连接文本或者字符串。

（4）引用运算符：用于确定参与运算的数据在工作表当中所处的位置。

上述四种基本运算符举例与优先级见表1-2。

表1-2 基本运算符举例与优先级

运算符	举例	优先级
算术运算符	加（+）、减（-）、乘（*）、除（/）、幂（^）	1
比较运算符	等于（=）、大于（>）、小于（<）、 大于等于（>=）、小于等于（<=）、不等于（<>）	2
文本运算符	文本连接符（&）	3
引用运算符	区域运算符冒号（：）、联合运算符逗号（，）、交叉运算符空格	4

2. 单元格的引用

一般而言，在公式运算中经常需要用到单元格的引用，运用单元格的引用可以方便取数进行运算，尤其是对于有上下联系的数据间运算，一旦上面的数据错误，如果进行了单元格的引用，那么更改上面的数据，下面的数据会自动重新计算正确结果。

单元格的引用包括绝对引用、相对引用、混合引用、引用同一工作簿中其他工作表的单元格、引用不同工作簿中的单元格五种。

（1）绝对引用：是指引用单元格的绝对名称，如果采用绝对引用的方式，那么公式复制到新的单元格后，引用的单元格是保持不变的，因此计算结果不会发生变化。绝对引用时需要在单元格的行列前加上"$"，例如"$A$1"是指固定引用A1这个单元格。

（2）相对引用：是指引用单元格的相对名称，如果采用相对引用的方式，那么公式复制到新的单元格后，引用的单元格会根据单元格的相对位置发生变化，因此计算结果也会发生变化。相对引用时不需要在单元格的行列前加上"$"，例如"A1"是指相对引用了A1这个单元格。

（3）混合引用：是指半绝对引用（或半相对引用），如果采用混合引用的方式，就相当于固定了某行或者某列，则只需要在固定的行或者列前加上"$"，例如"A$1"是指第一行不变，列发生变化，而"$A1"是指A列不变，行发生变化。

（4）引用同一工作簿中其他工作表的单元格：由于同一工作簿中可以新建多张工作表，如果需要利用不同工作表之间的数据进行计算，那么可以采用此种引用方式，引用方法是"工作表名称！单元格名称"。例如，引用工作表"产品信息表"中D3单元格，那么可以输入公式"=产品信息表！D3"。

（5）引用不同工作簿中的单元格：如果在进行数据计算的时候需要利用不同工作簿中的数据，可以使用此种方式，引用方法需要输入得更加详细，包括该工作簿所在电脑的存储路径，即"'工作簿存储地址[工作簿名称]工作表名称'！单元格名称"。例如，引用存放在D盘中Work文件夹中"产品信息表"工作簿中"产品信息表"工作表中D3单元格，那么可以输入公式"'D:\Work\[产品信息表.xlsx]产品信息表'!D3"。

3. 数组公式

如果在数据计算时要对两组或两组以上的数据计算并返回一种或多种计算结果，采用数组公式将会大大简化计算的工作量，提高效率。其中的两组或两组以上的数据称为数组的参数，该参数可以是一个数据区域，也可以是输入的数组常量，但不管是哪种参数，均要求具有相同数量的行与列。

数组公式的设置方法：

（1）选定单元格或者单元格区域。

（2）输入数组公式。

（3）同时按下【Ctrl+Shift+Enter】组合键。

> **注意**：输入完毕，Excel会自动在公式的两边加上大括号｛｝。如果需要修改公式，则单击编辑栏中的公式内容进行修改，修改完毕后也要按下【Ctrl+Shift+Enter】组合键。

二、公式的规范

公式是由数值和运算符组成的一个表达式序列，能够计算出结果，因此必须要按照公式的规范进行输入，如果输入不正确，计算公式的结果就会返回错误，如果单元格中的公式输入后出现了返回错误的信息，那么就需要分析错误的信息是什么原因导致的。不同的错误信息会显示出不同的错误标志，下面是Excel中常见的错误信息标志及原因分析：

（1）###。由于公式中计算的结果太长，超出了单元格的宽度，因此这是由单元格容纳不下出现的错误。

（2）#N/A。由于公式中无可用的数值或者缺少参数出现的错误。

（3）#NUM！。由于公式中使用了不正确的区域运算或单元格出现的错误。

（4）#NAME？。由于公式中引用了无法识别的文本和不相符的数据出现的错误。

（5）#RFF！。由于公式中引用了无效的单元格或者内容出现的错误。

（6）#VALUE！。由于公式中错误地引用了包含文本的单元格出现的错误。

（7）#DIV/0！。由于公式中使用0或者空单元格作为分母计算出现的错误。

[操作工具]

运用Excel进行公式的设置与规范的主要工具见表1-3。

表1-3　运用Excel进行公式的设置与规范的主要工具

任务技能点	Excel中可以运用的主要工具
公式的设置与规范	数组公式
	单元格的引用：相对引用与绝对引用
	工作表的格式化
	输入公式与函数
	数据的填充

[操作步骤]

下面开始以任务情境中湖南瑞可可饮品股份有限公司销售部小丽面临的问题为例，运用Excel进行操作。

操作步骤如下：

第一步：双击打开"6月销量重要客户表"文件，如图1-8所示。

	A	B	C	D	E	F	G
1	6月销量重要客户表							
2	门店	姓名	年龄	产品名称	价格	销量	销售收入
3	长沙市	李丽	18	可乐	3.5	10	
4	湘潭市	陈超	29	汽水	2	10	
5	临武县	刘伟一	35	鲜榨果汁	6	12	
6	长沙市	陈莉莉	14	鲜榨果汁	6	10	
7	长沙市	王鹏	19	可乐	3.5	15	
8	长沙市	赵强	20	可乐	3.5	10	
9	资兴市	孙璇	22	绿茶	6	10	
10	资兴市	周超	30	可乐	3.5	10	
11	湘潭市	吴巧云	28	汽水	2	10	
12	湘潭市	郑妍妍	29	茉莉花茶	6	10	
13	临湘市	张珊琳	18	营养快线	6.5	20	
14	资兴市	李好	29	鲜榨果汁	6	10	
15	衡阳市	张宏明	35	可乐	3.5	10	
16	资兴市	陈晨泽	14	可乐	3.5	11	
17	长沙市	邓卫国	19	优酸乳	3.5	12	
18	桂东县	钱铭	20	汽水	2	13	
19	衡阳市	钟玉娟	22	营养快线	6.5	14	
20	衡阳市	钟明	30	营养快线	6.5	10	
21	长沙市	吴丽	28	汽水	2	10	
22	长沙县	于明	29	汽水	2	10	
23	衡东县	徐文婷	18	可乐	3.5	10	
24	长沙市	许娴敏	29	鲜榨果汁	6	10	
25	资兴市	单文欣	21	鲜榨果蔬混合汁	10	12	
26	长沙市	刘晓文	14	鲜榨果蔬混合汁	10	10	
27	长沙市	林悦	19	绿茶	6	10	

公式的设置与规范

图1-8　6月销量重要客户表

第二步：利用数组公式快速计算出G列销售收入的值。先用鼠标选择G3：G27区域，然后在上方的编辑栏中输入公式"=E3:E27*F3:F27"，按下【Ctrl+Shift+Enter】组合键。操作后的效果如图1-9所示。

	A	B	C	D	E	F	G
	G3		fx	{=E3:E27*F3:F27}			
1	6月销量重要客户表							
2	门店	姓名	年龄	产品名称	价格	销量	销售收入
3	长沙市	李丽	18	可乐	3.5	10	35
4	湘潭市	陈超	29	汽水	2	10	20
5	临武县	刘伟一	35	鲜榨果汁	6	12	72
6	长沙市	陈莉莉	14	鲜榨果汁	6	10	60
7	长沙市	王鹏	19	可乐	3.5	15	52.5
8	长沙市	赵强	20	可乐	3.5	10	35
9	资兴市	孙璇	22	绿茶	6	10	60
10	资兴市	周超	30	可乐	3.5	10	35
11	湘潭市	吴巧云	28	汽水	2	10	20
12	湘潭市	郑妍妍	29	茉莉花茶	6	10	60
13	临湘市	张珊琳	18	营养快线	6.5	20	130
14	资兴市	李好	29	鲜榨果汁	6	10	60
15	衡阳市	张宏明	35	可乐	3.5	10	35
16	资兴市	陈晨泽	14	可乐	3.5	11	38.5
17	长沙市	邓卫国	19	优酸乳	3.5	12	42
18	桂东县	钱铭	20	汽水	2	13	26
19	衡阳市	钟玉娟	22	营养快线	6.5	14	91
20	衡阳市	钟明	30	营养快线	6.5	10	65
21	长沙市	吴丽	28	汽水	2	10	20
22	长沙县	于明	29	汽水	2	10	20
23	衡东县	徐文婷	18	可乐	3.5	10	35
24	长沙市	许娴敏	29	鲜榨果汁	6	10	60
25	资兴市	单文欣	21	鲜榨果蔬混合汁	10	12	120
26	长沙市	刘晓文	14	鲜榨果蔬混合汁	10	10	100
27	长沙市	林悦	19	绿茶	6	10	60

图1-9　利用数组公式计算销售收入

从图 1-9 中可以看到，使用数组公式可以快速计算出该列的销售收入值，不需要单独对每个门店的销售数据进行计算，因此非常高效。

第三步：在 H2 单元格中输入标题"销售收入总计"，将该单元格进行格式化，与其他标题一样。在 H3 单元格中输入公式"=SUM(G3:G27)"，按【Enter】键，操作后效果如图 1-10 所示。

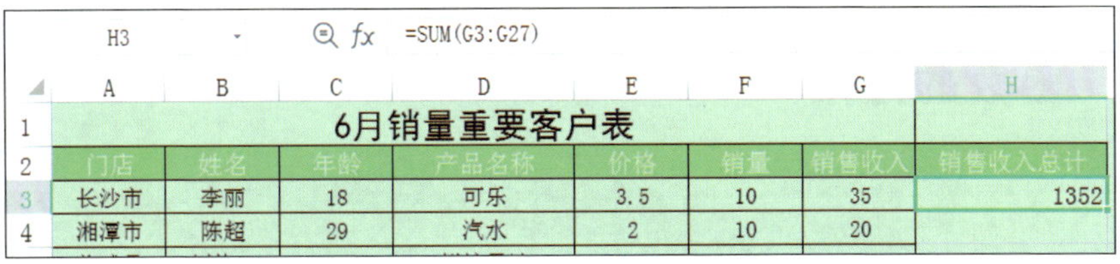

图1-10 利用函数公式计算销售收入总计

第四步：在 H4 单元格中输入标题"平均销售收入"，将该单元格进行格式化，与其他标题一样。在 H5 单元格中输入公式"=AVERAGE(G3:G27)"，按【Enter】键，操作后效果如图 1-11 所示。

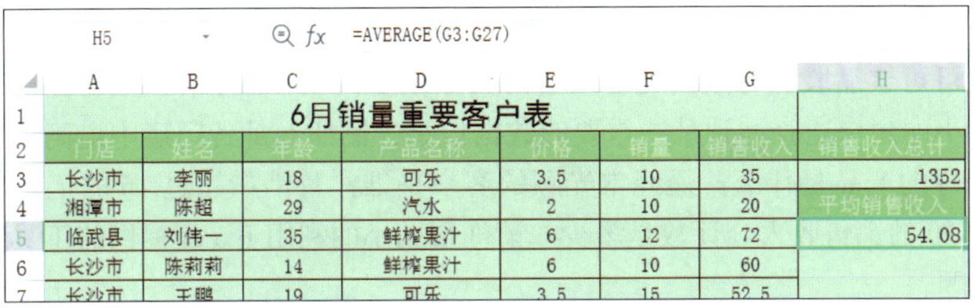

图1-11 利用函数公式计算平均销售收入

分析：从以上计算结果可以看出该公司 6 月各所属门店的销售收入情况，通过采用函数输入公式还可计算出公司的销售收入总计与平均销售收入情况。

第五步：在 H 列前插入一列，在 H2 单元格中输入标题"占比"，在 H3 单元格中输入公式"=G3/$I$3"，鼠标右击修改单元格格式，将类型改为"百分比"，保留 2 位小数。最后双击 H3 单元格右下角的填充柄，操作后效果如图 1-12 所示。

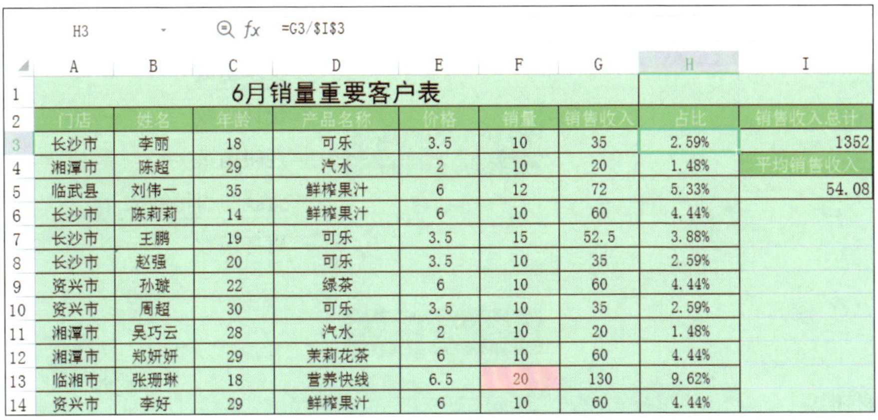

图1-12 利用公式计算销售收入占比

最后鼠标单击上方的保存按钮,将制作好的"6月销量重要客户表"进行保存。

[任务小结]

对于日常的数据计算,要区分数据计算的工作量大小,对于单个数据的计算,使用输入公式的方法会更加方便,但是对于两组及以上数据的计算,可以运用数组公式来提高工作效率。

任务三 函数的运用

◆ 学习目标 ◆

本任务主要介绍函数的运用方法,要求学生熟悉Excel中的函数功能与使用方法,掌握Excel的常用函数与财务函数的运用方法,逐步学会运用Excel进行数据分析与统计。

[任务情境]

湖南瑞可可饮品股份有限公司各门店的数据很多,以"6月销量重要客户表"为例,销售部员工小丽想快速查询到某些重要的数据信息,例如6月各门店中最高销量是多少?公司销售最好的产品是什么?最经常光顾的客户是谁?月销量超过15的记录有多少条?月销量超过10的销售收入合计数是多少?请你帮助小丽利用Excel提供的工具解决数据统计处理的问题。

[知识导图]

[基础知识]

如果要想解决任务情境中销售部小丽遇到的问题,需要熟悉Excel中函数的运用方法。

一、函数的基本规范

Excel 的函数与公式类似，也需要遵循一个特定的语法结构。函数的基本语法结构为"= 函数名（参数 1，参数 2，…，参数 n）"。其中函数名是指函数的名称，括号里的参数可以是数值、文本、逻辑值或者单元格名称等，参数的个数要依据函数进行确定，有的函数括号里只有一个参数，有的函数括号里包含多个参数。

在使用函数时要注意以下几点要求：

（1）在输入函数时也是以"="开头。

（2）函数名与括号之间不能有空格。

（3）输入函数时，逗号、引号等都是英文状态下输入的符号。

（4）参数之间用逗号进行分隔。

一般而言，函数与公式在处理数据方面运用的方法是相同的，因此，函数返回的计算结果也与公式类似。

二、函数的输入方法

在 Excel 中输入函数的方法包括两种，分别是手工输入函数与插入函数。

1. 手工输入函数

手工输入函数与输入公式是类似的，在输入时可以不区分大小写，一般在输入函数名的开头字母时 Excel 软件会自动带出同样字母开头的相关函数，方便用户选择操作。

2. 插入函数

插入函数的方法与手工输入函数相比会复杂许多，要根据 Excel 提供的插入函数向导一步步完成函数的选择与操作。插入函数中还提供了"搜索函数"的功能，对于在处理数据时不确定使用哪种函数时，Excel 的"搜索函数"功能可以帮助用户缩小选择范围，挑选出合适的函数。

三、函数的种类

Excel 中提供的函数种类是非常多的，下面介绍几种常见的函数种类及其功能，见表 1-4。

表1-4　常见函数种类及其功能

种　类	功　能
数学函数	进行数学计算
文本函数	处理文本字符串
统计函数	对数据区域进行统计分析
逻辑函数	进行逻辑判断与复合检验
查找与引用函数	查找特定数据或者查找引用数据
财务函数	进行财务计算

四、常用函数介绍

对于不同的函数，用户需要了解函数的基本功能，下面将具体介绍一些常用函数，见表 1-5。

表1-5 常用函数

常用函数	函数公式
求和函数 （数学函数）	① SUM函数：无条件求和。公式=SUM（数值1，数值2，…，数值n） ② SUMIF函数：条件求和。公式=SUMIF（区域，条件，求和区域） ③ SUMPRODUCT函数：乘积求和。公式=SUMPRODUCT（数组1，数组2，…）
平均数函数 （统计函数）	AVERAGE函数：公式=AVERAGE（数值1，数值2，…，数值n）
四舍五入函数 （数学函数）	ROUND函数：公式=ROUND（数值，小数位数）
乘幂函数 （数学函数）	POWER函数：公式=POWER（数值，幂）
平方根函数 （数学函数）	SQRT函数：公式=SQRT（数值）
最大值 最小值函数 （统计函数）	① MAX函数：最大值。公式=MAX（数值1，数值2，…） ② MIN函数：最小值。公式=MIN（数值1，数值2，…）
计数函数 （统计函数）	① COUNT函数：无条件计数。公式=COUNT（数值1，数值2，…） ② COUNTIF函数：条件计数。公式=COUNTIF（区域，条件）
条件函数 （逻辑函数）	IF函数：公式=IF（测试条件，真值，假值）
AND函数 （逻辑函数）	AND函数："与"函数。公式=AND（条件1，条件2，…，条件n）
OR函数 （逻辑函数）	OR函数："或"函数。公式=OR（条件1，条件2，…，条件n）
NOT函数 （逻辑函数）	NOT函数："否"函数。公式=NOT（条件）
MATCH函数 （查找与引用函数）	MATCH函数：公式=MATCH（查找值，查找区域，匹配类型）
INDEX函数 （查找与引用函数）	INDEX函数：公式=INDEX（查找值，数据表，列序数，匹配条件）
VLOOKUP函数 （查找与引用函数）	VLOOKUP函数：公式=VLOOKUP（数组，行序数，列序数）
DAY函数 （日期函数）	DAY函数：公式=DAY（日期序号）
DATE函数 （日期函数）	DATE函数：公式=DATE（年，月，日）
TODAY函数 （日期函数）	TODAY函数：公式=TODAY（ ） 注意：TODAY函数括号里无任何参数
SLOPE函数 （统计函数）	SLOPE函数：公式=SLOPE（因变量数组或数据区域，自变量数组或数据区域）
INTERCEPT函数 （统计函数）	INTERCEPT函数：公式=INTERCEPT（因变量数组或数据区域，自变量数组或数据区域）
FORCAST函数 （统计函数）	FORCAST函数：公式=FORCAST（需要进行预测的数据点，因变量数组或数据区域，自变量数组或数据区域）
终值函数 （财务函数）	FV函数：公式=FV（利率，支付总期数，定期支付额，现值，0或1） 注意：现值与终值方向相反，参数0表示期末，参数1表示期初（下同）
现值函数 （财务函数）	① PV函数：公式=PV（利率，支付总期数，定期支付额，终值，0或1） ② NPV函数：净现值。公式=NPV（贴现率，收益1，收益2，…）
年金函数 （财务函数）	① PMT函数：年金。公式=PMT（利率，支付总期数，现值，终值，0或1） ② PPMT函数：年金中的本金 公式=PPMT（利率，期数，支付总期数，现值，终值，0或1） ③ IPMT函数：年金中的利息 公式=IPMT（利率，期数，支付总期数，现值，终值，0或1）

（续）

常用函数	函数公式
期数函数 （财务函数）	NPER函数：公式=NPER（利率，定期支付额，现值，终值，0或1） 注意：定期支付额、现值方向相反
利率函数 （财务函数）	① RATE函数：公式=RATE（支付总期数，定期支付额，现值，终值，0或1） 注意：定期支付额、现值方向相反 ② IRR函数：内含报酬率。公式=IRR（现金流） 注意：括号里参数必须用单元格引用方式，且必须包含至少一个正数和一个负数才能计算
折旧函数 （财务函数）	① SLN函数：年限平均法。公式=SLN（原值，残值，折旧年限） ② DDB函数：双倍余额递减法。公式=DDB（原值，残值，折旧年限，期间） ③ SYD函数：年数总和法。公式=SYD（原值，残值，折旧年限，期间）

[操作工具]

运用Excel进行函数的运用的主要工具见表1-6。

表1-6　运用Excel进行函数的运用的主要工具

任务技能点	Excel中可以运用到的主要工具
函数的运用	常用函数：MAX函数、INDEX函数、MATCH函数、COUNTIF函数、SUMIF函数、IF函数、AND函数
	单元格的引用：相对引用
	工作表的格式化
	输入公式与函数
	数据的填充

[操作步骤]

下面开始以任务情境中湖南瑞可可饮品股份有限公司销售部小丽面临的问题为例，运用Excel软件进行操作。

操作步骤如下：

第一步：双击打开"6月销量重要客户表"文件，数据如图1-13所示。

函数的运用

	A	B	C	D	E	F	G	H	I
1			6月销量重要客户表						
2	门店	姓名	年龄	产品名称	价格	销量	销售收入	占比	销售收入总计
3	长沙市	李丽	18	可乐	3.5	10	35	2.59%	1352
4	湘潭市	陈超	29	汽水	2	10	20	1.48%	平均销售收入
5	临武县	刘伟一	35	鲜榨果汁	6	12	72	5.33%	54.08
6	长沙市	陈莉莉	14	鲜榨果汁	6	10	60	4.44%	
7	长沙市	王鹏	19	可乐	3.5	15	52.5	3.88%	
8	长沙市	赵强	20	可乐	3.5	10	35	2.59%	
9	资兴市	孙璇	22	绿茶	6	10	60	4.44%	
10	资兴市	周超	30	可乐	3.5	10	35	2.59%	
11	湘潭市	吴巧云	28	汽水	2	10	20	1.48%	
12	湘潭市	郑妍妍	29	茉莉花茶	6	10	60	4.44%	
13	临湘市	张珊琳	18	营养快线	6.5	20	130	9.62%	
14	资兴市	李好	29	鲜榨果汁	6	10	60	4.44%	
15	衡阳市	张宏明	35	可乐	3.5	10	35	2.59%	
16	资兴市	陈晨泽	14	可乐	3.5	11	38.5	2.85%	
17	长沙市	邓卫国	19	优酸乳	3.5	12	42	3.11%	
18	桂东县	钱铭	20	汽水	2	13	26	1.92%	
19	衡阳市	钟玉娟	22	营养快线	6.5	14	91	6.73%	
20	衡阳市	钟明	30	营养快线	6.5	10	65	4.81%	
21	长沙市	吴丽	28	汽水	2	10	20	1.48%	
22	长沙县	于明	29	汽水	2	10	20	1.48%	
23	衡东县	徐文婷	18	可乐	3.5	10	35	2.59%	
24	长沙市	许娴敏	29	鲜榨果汁	6	10	60	4.44%	
25	资兴市	单文欣	21	鲜榨果蔬混合汁	10	12	120	8.88%	
26	长沙市	刘晓文	14	鲜榨果蔬混合汁	10	10	100	7.40%	
27	长沙市	林悦	19	绿茶	6	10	60	4.44%	

图1-13　6月销量重要客户表

第二步：在 K2：O7 区域中进行数据统计分析区域设置，做出如图 1-14 所示的 5 个问题区域，K2：N7 区域可以进行单元格合并，数据统计分析区域可以进行格式化。

图1-14　数据统计分析区域设置

第三步：按问题顺序依次选择合适的函数进行计算。

（1）问题1是统计出6月各门店中的销量最高值，可以采用最大值MAX函数，在O3单元格中输入函数"=MAX(F3:F27)"，按【Enter】键后结果为20。

（2）问题2是统计出销售最好的产品，可以将查找与引用函数中的INDEX与MATCH两个函数结合使用，在O4单元格中输入函数"=INDEX(D3:D27,MATCH(MAX(F3:F27),F3:F27,0))"，按【Enter】键后结果为营养快线。

（3）问题3是统计出最经常光顾的客户，同样可以选择跟问题2的查找函数进行操作，在O5单元格中输入函数"=INDEX(B3:B27,MATCH(MAX(F3:F27),F3:F27,0))"，按【Enter】键后结果为张珊琳。

（4）问题4是统计出月销量超过15的记录，可以采用条件计数函数COUNTIF函数，在O6单元格中输入函数"=COUNTIF(F3:F27,">15")"，按【Enter】键后结果为1。

（5）问题5是统计月销量超过10的销售收入的合计数，可以采用条件求和函数SUMIF函数，在O7单元格中输入函数"=SUMIF(F3:F27,">10",G3:G27)"，按【Enter】键后结果为572。

以上操作完毕后计算结果如图 1-15 所示。

图1-15　数据统计结果

思考题

请思考上述问题4中使用的计数函数与之前在任务一中使用的条件格式两种操作方式得出的结果有什么不同。

一般而言，公司的销售业绩离不开销售人员的付出，因此，公司会给销售人员发放一定金额的销售奖金，下面单独对公司销售人员的奖金计算问题进行介绍。

在 K12：O17 区域中进行销售人员奖金分析区域设置，做出如图 1-16 所示的效果。公司有 4 位销售人员，他们的销售额与销售费用均是已知的。

根据公司规定，销售人员的奖金是按照其取得的销售额与发生的销售费用来确定奖金比率，若销售额大于 25000 元且销售费用占销售额的比例不超过 15%，则奖金比率为 8%，否则为 5%。

在 N14 单元格中输入函数“=IF(AND(L14>25000,M14/L14<15%),8%,5%)”，按【Enter】键后返回结果为 5%，然后选择 N14 单元格中右下角的填充柄往下填充数据，4 位销售人员的奖金比率就全部计算出来了。

同理，在 O14 单元格中输入函数“=L14*N14”，按【Enter】键后返回结果为 1 000，然后选择 O14 单元格中右下角的填充柄往下填充数据，4 位销售人员的奖金额就全部计算出来了，如图 1-17 所示。

销售人员奖金分析区域				
销售人员	销售额	销售费用	奖金比率	奖金额
田甜	20000	4200		
张海	32000	5500		
马青青	19600	2000		
童珊珊	48000	3600		

图1-16 销售人员奖金分析区域设置

销售人员奖金分析区域				
销售人员	销售额	销售费用	奖金比率	奖金额
田甜	20000	2200	5.00%	1000
张海	32000	5500	5.00%	1600
马青青	19600	2000	5.00%	980
童珊珊	48000	3600	8.00%	3840

图1-17 销售人员奖金比率与奖金额计算

最后鼠标单击上方的保存按钮，将制作好的“6 月销量重要客户表”进行保存。

最终做出的效果如图 1-18 所示。

6月销量重要客户表

门店	姓名	年龄	产品名称	价格	销量	销售收入	占比
长沙市	李丽	18	可乐	3.5	10	35	2.59%
湘潭市	陈超	29	汽水	2	10	20	1.48%
临武县	刘伟一	35	鲜榨果汁	6	12	72	5.33%
长沙市	陈莉莉	14	鲜榨果汁	6	10	60	4.44%
长沙市	王鹏	19	可乐	3.5	15	52.5	3.88%
长沙市	赵强	20	可乐	3.5	10	35	2.59%
资兴市	孙璇	22	绿茶	6	10	60	4.44%
资兴市	周超	30	可乐	3.5	10	35	2.59%
湘潭市	吴巧云	28	汽水	2	10	20	1.48%
湘潭市	郑妍妍	29	茉莉花茶	6	10	60	4.44%
临湘市	张珊琳	18	营养快线	6.5	20	130	9.62%
资兴市	李好	29	鲜榨果汁	6	10	60	4.44%
衡阳市	张宏明	35	可乐	3.5	10	35	2.59%
资兴市	陈晨泽	14	可乐	3.5	11	38.5	2.85%
长沙市	邓卫国	19	优酸乳	3.5	12	42	3.11%
桂东县	钱铭	20	汽水	2	13	26	1.92%
衡阳市	钟玉娟	22	营养快线	6.5	14	91	6.73%
衡阳市	钟明	30	营养快线	6.5	10	65	4.81%
长沙市	吴丽	28	汽水	2	10	20	1.48%
长沙县	于明	29	汽水	2	10	20	1.48%
衡东县	徐文婷	18	可乐	3.5	10	35	2.59%
长沙市	许娴敏	29	鲜榨果汁	6	10	60	4.44%
资兴市	单文欣	21	鲜榨果蔬混合汁	10	12	120	8.88%
长沙市	刘晓文	14	鲜榨果蔬混合汁	10	10	100	7.40%
长沙市	林悦	19	绿茶	6	10	60	4.44%

销售收入总计	1352
平均销售收入	54.08

数据统计分析区域	
问题1：6月各门店中销量最高是多少？	20
问题2：销售最好的产品是什么？	营养快线
问题3：最经常光顾的客户是谁？	张珊琳
问题4：月销量超过15的记录有多少条？	1
问题5：月销量超过10的销售收入合计数是多少？	572

销售人员奖金分析区域				
销售人员	销售额	销售费用	奖金比率	奖金额
田甜	20000	2200	5.00%	1000
张海	32000	5500	5.00%	1600
马青青	19600	2000	5.00%	980
童珊珊	48000	3600	8.00%	3840

图 1-18 数据统计与分析后界面

说明：上述操作步骤只对部分函数进行了举例介绍，有关财务函数的举例可以在技能操作练习题中进行巩固练习。

[任务小结]

学习函数以后，要掌握每种函数的功能与特点，在日常的数据统计分析与计算工作中，要能够合理选择适当的函数帮助我们进行求解，其中对于常用的函数，大家尤其需要加强练习。

技能操作练习题

1. 表1-7是常友公司各职工工资结算明细表，根据表中资料计算表中空白单元格的数据。

表1-7　常友公司各职工工资结算明细表　　　　　　　　　　（单位：元）

职工编号	姓名	部门	职称	基本工资	岗位补贴	交通补贴	应发工资	个人所得税	实发工资
001	孙 强	生产车间	初级	5400					
002	冯 丽	生产车间	中级	6800					
003	田晴凯	人事部	初级	3208					
004	张 奕	财务部	中级	6975					
005	胡安英	办公室	初级	3288					
006	林国强	办公室	高级	10295					
007	杜 珺	财务部	高级	16882					
008	王 琴	生产车间	中级	6475					
009	李凯凯	人事部	中级	6000					
010	冯 锋	财务部	初级	3821					

说明：

（1）岗位补贴按职称发放，初级职称每人每月300元，中级职称每人每月500元，高级职称每人每月800元。

（2）交通补贴按部门发放，生产车间每人每月400元，人事部与办公室每人每月320元，财务部每人每月350元。

（3）公司代扣代缴个人所得税，应纳税所得额=应发工资−5000，所得税税率表见表1-8。

表1-8　所得税税率表

级　数	应纳税所得额	税　率	速算扣除数
1	不超过3000元部分	3%	0
2	超过3000元至12000元部分	10%	210
3	超过12000元至25000元部分	20%	1410
4	超过25000元至35000元部分	25%	2660
5	超过35000元至55000元部分	30%	4410
6	超过55000元至80000元部分	35%	7160
7	超过80000元部分	45%	15160

要求：

（1）表1-7中的应发工资与实发工资均要求用数组公式操作得出结果。

（2）表1-7中岗位补贴、交通补贴以及个人所得税均要求采用IF函数操作得出结果。

（3）计算结果均保留2位小数，要求采用ROUND函数操作得出结果。

（4）统计出表1-7中应发工资最高的员工姓名。

（5）统计出表1-7中实发工资小于5000元的员工个数。

（6）统计出表1-7中员工姓名中包含"凯"字的员工个数。

（7）统计出表1-7中姓"冯"的员工应发工资的合计数。

（8）使用条件格式筛选出基本工资在10000元以上的记录。

（9）将该工作表重命名为"常友公司职工工资信息表"，并对其进行保护，密码设为123。

2. 要求运用相关的财务函数完成以下题目的计算。（答案保留2位小数）

（1）小王自2013年12月底开始，每年年末都向一位儿童捐款1000元，假设每年定期存款利率为2%，则小王9年捐款在2022年年底相当于多少钱？

（2）小李的妈妈现在给他三个选择：①现在给他4000元现金；②从年底开始每年帮他存1150元，存期5年，年利率10%；③从现在开始每年年初帮他存1050元，存期5年，年利率10%。请问小王应该如何选择？

（3）小强打算买一份保险，现在付款需要500000元，合同约定未来10年间，保险公司会在每月月末支付5000元给小强，年利率6%，请你帮小强评估下是否应该购买该保险？当利率为多少时，这份保险合同就是一份公平的合约？

（4）李先生用银行贷款购房，贷款金额40万元，贷款期为6年，银行贷款年利率为12%，每月月初还款，那么李先生第2个月月初应偿还的贷款额是多少？第2个月月初其偿还的月贷款额中本金是多少，利息是多少？6年后总计还款金额是多少？

（5）某企业准备10年后购买一台设备，为此该企业现在将5万元存入银行，此外还计划在以后的前5年中每年存入银行1万元，在后5年中每年存入银行2万元，假设银行存款年利率为8%，按复利计算，则第10年年末该企业可以从银行取出多少钱？若10年后需要购买的设备价值为30万元，该企业届时能否有足够的钱购买该设备？

（6）计算金额为36000元，年利率为8%，每年年末支付金额为9016元的贷款，需要多少年才能支付完。

（7）假定东方公司对原有生产设备进行更新，资料见表1-9，预计现在一次性支付400000元，可使每年增加净收入100000元，更新的设备至少使用5年，假设银行利率分别为7%、7.5%、8%，请问哪种利率东方公司可以接受。

表1-9 原始资料表　　　　　　　　　　　　　　　（金额单位：元）

利　　率	7%	7.5%	8%
投 资 额	400000	400000	400000
增加收入	100000	100000	100000
使用年限	5	5	5

（8）某企业有一个投资方案，第1年年初投资50000元，当年年末的净收益为2000元，后5年的净收益分别为10000元、20000元、15000元、22000元、28000元，计算该投资方案的内含报酬率。

（9）某公司有一台机器设备原价为10000元，预计使用寿命为15年、净残值率为8%，在Excel中输入以上内容，然后利用折旧函数SLN（）、DDB（）、SYD（）分别进行各年折旧额及总折旧额的计算，并比较计算结果的不同。

项目二
Excel 数据处理

学习内容

本项目主要介绍Excel数据处理的内容与方法。通过学习本项目，学生可以了解数据处理的诸多手段，包括数据的排序、筛选、分类汇总以及数据透视表的制作等操作，并且能够在数据处理的基础上完成图表的制作与美化。

◎ **项目典型工作任务**

- 数据的升序
- 数据的降序
- 数据的自定义排序
- 数据的筛选
- 自动筛选
- 高级筛选
- 数据的分类汇总
- 数据透视表
- 图表的制作
- 图表的美化

任务一　数据的排序

◆ **学习目标** ◆

本任务主要介绍数据的排序方法，要求学生了解数据排序的基本规则，熟悉并掌握各种常见的数据排序方式，为后面的数据处理奠定基础。

[任务情境]

一天，湖南瑞可可饮品股份有限公司销售经理给小丽布置了一项任务，他希望小丽将做好的"6月销量重要客户表"中的数据进行排序，但是排序有以下几项要求：

（1）门店依次按长沙市、湘潭市、衡阳市、资兴市、临武县、桂东县的顺序进行排列。
（2）年龄按升序排列。
（3）销量按降序排列。
（4）客户姓名按姓名字母升序排列。

请你帮助小丽利用Excel提供的工具解决数据排序的问题。

[知识导图]

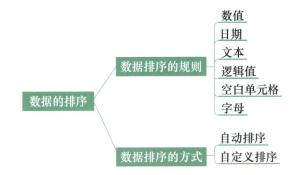

[基础知识]

如果要想解决任务情境中销售部小丽遇到的问题，需要熟悉 Excel 中数据排序的方法。Excel 提供了强大的数据排序功能，但是要求用户熟悉数据排序的基本规则，下面对不同数据类型的排序规则分别进行介绍。

一、数据排序的规则

使用 Excel 对数据进行排序时，要考虑不同数据类型的关键字，表 2-1 是不同数据类型的排序规则。

表2-1　不同数据类型的排序规则

数 据 类 型	排 序 规 则
数值	按数值的大小进行排列
日期	按日期的先后进行排列
文本	按照字母顺序或按笔画顺序排列
逻辑值	升序时 FALSE 排在前，TRUE 排在后；降序时则相反
空白单元格	不管升序还是降序均排最后
字母	按字母先后顺序排列，如果分大小写，则按 a、A、b、B 顺序排列

二、数据排序的方式

使用 Excel 对数据进行排序时，要考虑是单个关键字要求还是多个关键字要求，如果只有一个关键字要求，可以直接使用工具栏上的升序或降序按钮，进行自动排序。但是在某些情况下，数据的排序要求较多，就需要采用自定义排序方式。

> **注意**：Excel中默认的数据排序的方式为按列排序，可以改为按行排序，也可以按照笔画排序，还可以按照单元格颜色排序。

[操作工具]

运用 Excel 进行数据排序的主要工具见表 2-2。

表2-2　运用Excel进行数据排序的主要工具

任务技能点	Excel 中可以运用到的主要工具
数据的排序	自定义排序
	升序
	降序

[操作步骤]

下面开始以任务情境中湖南瑞可可饮品股份有限公司销售部小丽面临的问题为例，运用 Excel 进行操作。

操作步骤如下：

第一步：双击打开"6月销量重要客户表"文件，如图 2-1 所示。

第二步：由于小丽面临的数据排序的要求有多项，因此她可以选择采用自定义的排序方式进行数据的排序。

先用鼠标选中该数据表中任意一个非空单元格，然后选择上方的【数据】功能区，单击【排序】，弹出对话框如图 2-2 所示。

数据的排序

图2-1　6月销量重要客户表

图2-2　"排序"对话框

第三步：在列下"排序依据"下拉列表中选择"门店"，次序下拉列表中选择"自定义序列"，在弹出的"自定义序列"对话框的"输入序列"中按照要求分别输入"长沙市，湘潭市，衡阳市，资兴市，临武县，桂东县"（注意逗号为英文状态下输入），单击【添加】按钮，如图 2-3 所示，最后单击【确定】按钮。

第四步：单击"添加条件"按钮，按照要求依次在"次要关键字"下拉列表中选择好内容与次序。

次要关键字的下拉列表中选择"年龄"，次序为"升序"。

次要关键字的下拉列表中选择"销量"，次序为"降序"。
次要关键字的下拉列表中选择"姓名"，次序为"升序"。
次要关键字的添加结果如图 2-4 所示。

图2-3　输入自定义序列

图2-4　次要关键字的添加结果

然后单击【确定】按钮即可。
自定义排序的最后效果如图 2-5 所示。

门店	姓名	年龄	产品名称	价格	销量	营业收入
长沙市	陈莉莉	14	鲜榨果汁	6	10	60
长沙市	刘晓文	14	鲜榨果蔬混合汁	10	10	100
长沙市	李丽	18	可乐	3.5	10	35
长沙市	王鹏	19	可乐	3.5	15	52.5
长沙市	邓卫国	19	优酸乳	3.5	12	42
长沙市	林悦	19	绿茶	6	10	60
长沙市	赵强	20	可乐	3.5	10	35
长沙市	吴丽	28	汽水	2	10	20
长沙市	许娴敏	29	鲜榨果汁	6	10	60
湘潭市	吴巧云	28	汽水	2	10	20
湘潭市	陈超	29	汽水	2	10	20
湘潭市	郑妍妍	29	茉莉花茶	6	10	60
衡阳市	钟玉娟	22	营养快线	6.5	14	91
衡阳市	钟明	30	营养快线	6.5	10	65
衡阳市	张宏明	35	可乐	3.5	10	35
资兴市	陈晨泽	14	可乐	3.5	11	38.5
资兴市	单文欣	21	鲜榨果蔬混合汁	10	12	120
资兴市	孙璇	22	绿茶	6	10	60
资兴市	李好	29	鲜榨果汁	6	10	60
资兴市	周超	30	可乐	3.5	10	35
临武县	刘伟一	35	鲜榨果汁	6	12	72
桂东县	钱铭	20	汽水	2	13	26
衡东县	徐文婷	18	可乐	3.5	10	35
临湘市	张珊琳	18	营养快线	6.5	20	130
长沙县	于明	29	汽水	2	10	20

图2-5　自定义排序的最后效果

最后用鼠标单击上方的保存按钮，将制作好的"6 月销量重要客户表"进行保存。
说明：在进行数据排序的时候，不管是升序还是降序，都不要对合并单元格进行排序，如果要进行排序的区域中有合并单元格，数据排序操作会存在问题。但上述自定义排序就不存在这种问题。

[任务小结]

学习了数据的排序以后，对于数据的分布排列情况就会非常容易得出结果，如果是数值的升序或降序排列，排在第一位的数值就与使用函数最小值与最大值的功能类似。如果函数没有掌握好，使用数据排序那也是不错的选择。

任务二　数据的筛选

◆ 学习目标 ◆

本任务主要介绍数据的筛选方法，要求学生了解数据筛选的基本内容，熟悉并掌握各种常见的数据筛选方式，为后面的数据处理奠定基础。

[任务情境]

按照任务一的操作，销售部小丽已经完成了数据的排序工作，但是她需要在"6月销量重要客户表"中把满足以下条件的数据记录筛选出来：

（1）年龄在30岁（含）以内的数据记录。

（2）长沙市门店和湘潭市门店的数据记录。

（3）长沙市门店中购买可乐的数据记录。

（4）衡阳市门店或者年龄在30岁以上的数据记录。

请你帮助小丽利用 Excel 提供的工具解决数据筛选的问题。

[知识导图]

[基础知识]

如果要想解决任务情境中销售部小丽遇到的问题，需要熟悉 Excel 中数据筛选的方法。Excel 提供了强大的数据筛选功能，可以帮助用户快速地从繁多的数据中找到满足条件的数据。数据筛选包括三种方式：自动筛选、自定义筛选与高级筛选。

一、自动筛选

使用 Excel 对数据进行自动筛选时，数据区域每列标题旁边会出现一个下拉列表的标志，如图2-6所示。单击需要筛选的下拉列表，系统会自动筛选出满足条件的所有数据，不满足的数据记录会被隐藏起来。

图2-6 自动筛选界面

如果需要恢复所有的数据记录，可以选择撤销操作或者重新单击【筛选】按钮即可。

二、自定义筛选

在第一种筛选方式的基础上用户还可以选择自定义筛选，在自动筛选的下拉列表中选择【文本筛选】，再选择【自定义筛选】即可。自定义筛选其实就是根据用户自己设置的条件进行数据筛选，在对弹出的自定义筛选窗口中的各栏内容进行设置后，满足条件的所有记录就会显示出来。

三、高级筛选

高级筛选可以选择两个或两个以上的条件对数据进行筛选，这些条件既可以是"与条件"（即同时满足）、"或条件"（即满足其一），也可以是"或与条件""与或条件"的组合使用，还可以使用计算条件。高级筛选的结果既可以在原来数据区域显示出来，也可以复制到其他空白区域。因此，高级筛选的功能更加强大，应用面也更广。

> **注意**：使用高级筛选时，输入条件的区域要根据条件来确定是否在同一行或者同一列。如果是"与条件"，则要求条件都写在同一行或同一列；如果是"或条件"，则要求条件写在不同行或不同列。

[操作工具]

运用 Excel 进行数据筛选的主要工具见表 2-3。

表2-3 运用Excel进行数据筛选的主要工具

任务技能点	Excel 中可以运用到的主要工具
数据的筛选	自动筛选
	自定义筛选
	高级筛选

[操作步骤]

下面开始以任务情境中湖南瑞可可饮品股份有限公司销售部小丽面临的问题为例，运用 Excel 软件进行操作。

通过分析小丽的问题可知，四项数据筛选中既有单个条件的筛选，也有多个条件的筛选，我们可以采用自定义筛选与高级筛选相结合的方式进行操作。

操作步骤如下：

第一步：双击打开"6月销量重要客户表"文件。

第二步：用鼠标单击数据表中的任意一个非空单元格，然后单击【数据】功能区的

【筛选】按钮，则系统自动在该数据表的每列数据的标题旁边添加一个下拉列表的标志，如图2-6所示。

数据的筛选

第三步：按照问题（1）的条件，需要筛选出"年龄在30岁（含）以内的数据记录"，则可以选择"年龄"旁边的下拉列表，选择"数字筛选"，在弹出的对话框中选择"小于或等于"，在后面的值中输入"30"，如图2-7所示。

然后单击【确定】按钮即可，数据筛选出的记录如图2-8所示。

图2-7 自定义筛选界面　　　　图2-8 问题（1）的筛选结果

我们将筛选出的结果复制粘贴到单元格A30:G52区域，然后再次单击【筛选】按钮，数据区域恢复到原来的界面。

第四步：按照问题（2）的条件，需要筛选出"长沙市门店和湘潭市门店的数据记录"，由于条件有两个，则可以采用高级筛选方式。

设置条件区域：此处只有一个条件，我们可以写在同一列，在I3单元格中输入"门店"，在I4和I5单元格中分别输入"长沙市""湘潭市"。然后单击【筛选】按钮旁的【高级】按钮，在弹出的对话框中进行如图2-9所示的设置，列表区域选择A2:G27区域，条件区域选择I3:I5区域，修改方式为"将筛选结果复制到其他位置"，复制到选择K2空白单元格。

图2-9 高级筛选对话窗口（1）

最后单击【确定】按钮即可，筛选结果如图2-10所示。

第五步：问题（3）需要筛选出"长沙市门店中购买可乐的数据记录"，因此问题（3）与（2）类似，也可以采用高级筛选方式。

设置条件区域：此处有两个条件，是"且条件"，我们可以将两个条件写在同一行。在I17和J17单元格中分别输入"门店""产品名称"，在I18和J18单元格中分别输入"长沙市""可乐"，然后单击【筛选】按钮旁的【高级】按钮，在弹出的对话框中进行如图2-11所示的设置，列表区域选择A2:G27区域，条件区域选择I17:J18区域，修改方式为"将筛选结果复制到其他位置"，复制到选择K16空白单元格。

图2-10 问题（2）的筛选结果　　　　图2-11 高级筛选对话窗口（2）

最后单击【确定】按钮即可，筛选结果如图 2-12 所示。

图2-12 问题（3）的筛选结果

第六步：问题（4）需要筛选出"衡阳市门店或者年龄在 30 岁以上的数据记录"，因此也可以选择高级筛选方式。

设置条件区域：此处有两个条件，是"或条件"，我们可以将两个条件写在不同行。在 I22 和 J22 单元格中分别输入"门店""年龄"，在 I23 和 J24 单元格中分别输入"衡阳市"">30"，然后单击【筛选】按钮旁的【高级】按钮，在弹出的对话框中进行如图 2-13 所示的设置，列表区域选择 A2:G27 区域，条件区域选择 I22:J24 区域，修改方式为"将筛选结果复制到其他位置"，复制到选择 K21 空白单元格。

图2-13 高级筛选对话窗口（3）

最后单击【确定】按钮即可，筛选结果如图 2-14 所示。

图2-14 问题（4）的筛选结果

最后鼠标单击上方的保存按钮，将制作好的"6月销量重要客户表"进行保存。

[任务小结]

学习了数据的筛选以后，对于数据的精确查找就会比较容易，但是大家要对所要查找的条件进行区分，根据条件的不同选择不同的数据筛选方式。如果查找类函数没有掌握好，使用数据筛选也会是不错的选择。

任务三　数据的统计

◆ 学习目标 ◆

本任务主要介绍数据的统计方法，要求学生了解数据的常用汇总方式，熟悉并掌握数据的分类汇总与数据透视表的基本内容，为后面的数据分析奠定基础。

[任务情境]

按照任务二的操作，销售部小丽已经完成了数据筛选的工作，但是她需要在"6月销量重要客户表"中按以下要求把相同类型的数据统计出来。

（1）对该表中的数值型数据"销售收入"按门店进行分类汇总。

（2）将表中的"门店"作为行标签、"年龄"作为列标签、"销售收入"作为数值创建数据透视表，对其中的"年龄"进行分组，以3岁为间隔。

请你帮助小丽利用Excel提供的工具解决数据统计的问题。

[知识导图]

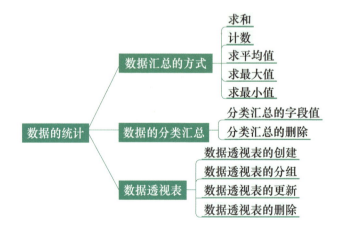

[基础知识]

如果要想解决任务情境中销售部小丽遇到的问题，需要熟悉Excel中数据统计的方法。

Excel提供了强大的数据统计功能，可以帮助用户将相同类型的数据统计出来，数据统计包括两种方式：数据的分类汇总与数据透视表。下面先介绍数据的常用分类汇总方式。

一般而言，数据的常用分类汇总方式有：求和、计数、求平均值、求最大值、求最小值等。

一、数据的分类汇总

使用 Excel 对数据进行分类汇总前，需要将汇总的关键字段进行排序，目的是保证分类字段值属于相同的记录排列在一起，数据的排序方法我们在任务一中已做介绍，此处不再重复介绍。

数据的分类汇总特点是：该功能能够将数据列表生成分类汇总表，便于对数据进行后续分析。分类汇总表的格式如图 2-15 所示。

	A	B	C	D	E	F	G
1	门店	姓名	年龄	产品名称	价格	销量	销售收入
2	长沙市	陈莉莉	14	鲜榨果汁	6	10	60
3	长沙市	刘晓文	14	鲜榨果蔬混合汁	10	10	100
4	长沙市	李丽	18	可乐	3.5	10	35
5	长沙市	王鹏	19	可乐	3.5	15	52.5
6	长沙市	邓卫国	19	优酸乳	3.5	12	42
7	长沙市	林悦	19	绿茶	6	10	60
8	长沙市	赵强	20	可乐	3.5	10	35
9	长沙市	吴丽	28	汽水	2	10	20
10	长沙市	许娴敏	29	鲜榨果汁	6	10	60
11	长沙市 汇总		180		44	97	464.5

图2-15　分类汇总表的格式

在图 2-15 中，左上【 1 2 3 】中，按钮 1 表示 1 级汇总，按钮 2 表示 2 级汇总，按钮 3 表示 3 级汇总；左下的滑动按钮【 - 】可以显示或隐藏本级的明细数据。如果是隐藏，则滑动按钮会变成【 + 】。

> 注意：如果不需要分类汇总，应该清除分类汇总，在【分类汇总】对话框中单击【全部删除】按钮即可。分类汇总不能直接清除。

二、数据透视表

数据透视表是 Excel 中常用的数据分析工具之一。数据透视表不仅可以对数据进行排序与筛选，还可以进行分类汇总，可以说数据透视表结合了数据的排序、筛选与分类汇总等几项功能，因此使用会更加方便。

数据透视表可以方便地选择行、列中的各项不同数据，快速查看数据源。但是它对数据源有一定的要求，如果要求未满足，则无法进行数据透视表的创建。具体要注意的要求有以下几点：

（1）数据源中每一个列都要有一个列标题，该列标题都将成为一个字段值。

（2）数据源中不要有空白单元格或者合并单元格。

（3）每列的数据必须保持数据类型一致，否则将无法完成后续的组合。

数据透视表可以完成创建、分组、更新、删除等操作。

数据透视表由字段区和布局区组成，如图 2-16 所示。

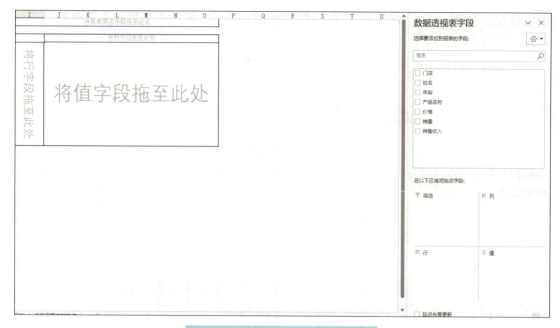

图2-16 数据透视表的组成

[操作工具]

运用 Excel 进行数据统计的主要工具见表 2-4。

表2-4 运用Excel进行数据统计的主要工具

任务技能点	Excel 中可以运用到的主要工具
数据的统计	数据的分类汇总
	数据透视表

[操作步骤]

下面开始以任务情境描述中湖南瑞可可饮品股份有限公司销售部小丽面临的问题为例，运用 Excel 进行操作。

通过分析小丽的问题可知，她要统计的数据既需要分类汇总，也需要数据透视表，因此我们应该分开进行操作。

操作步骤如下：

第一步：双击打开"6 月销量重要客户表"文件。

第二步：用鼠标单击数据表中的任意一个非空单元格，然后单击【数据】功能区，选择【分类汇总】，弹出如图 2-17 所示的对话框。将"分类字段"选择为"门店"，"汇总方式"选择为默认的"求和"，在"选定汇总项"中"销售收入"前打钩。

数据的统计

说明：在进行分类汇总前，需要确定分类字段是否已经进行排序，此处由于表格中的"门店"字段在之前的任务中已完成排序，因此可以直接开始进行分类汇总。

最后单击【确定】按钮即可。分类汇总的结果如图 2-18 所示。

图2-17 分类汇总对话框

图2-18 分类汇总的结果

思考题

请思考上述分类汇总中如果将分类字段改为"产品名称"，得出的结果会不同吗？

第三步：由于分类汇总已将该表工作表布局，因此，我们新建一张工作表，重命名为"任务三数据透视表"。将分类汇总的内容复制到新工作表中，选择【分类汇总】，在弹出的对话框中单击【全部删除】按钮。

第四步：用鼠标单击数据表中的任意一个非空单元格，然后选择【插入】功能区，单击【数据透视表】，弹出的对话框如图 2-19 所示。

在"选择表格或区域"处用鼠标选择 A1:G26 区域，在"选择放置数据透视表的位置"处选择

图2-19 数据透视表创建对话框

"现有工作表"，在"位置"处选择 I3 单元格，最后单击【确定】按钮。创建后的数据透视表如图 2-20 所示。

按照题目的要求，将"门店"字段拖拽至"行"标签处，将"年龄"字段拖拽至"列"标签处，将"销售收入"拖拽至"值"中，如图 2-21 所示。

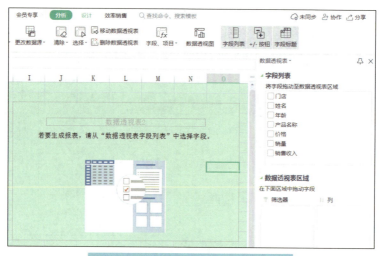

图2-20　创建后的数据透视表

求和项:销售收入	年龄										
门店	14	18	19	20	21	22	28	29	30	35	总计
长沙市	160	35	154.5	35			20	60			464.5
湘潭市							20	80			100
衡阳市						91			65	35	191
资兴市	38.5				120	60		60	35		313.5
临武县										72	72
桂东县				26							26
衡东县		35									35
临湘市		130									130
长沙县								20			20
总计	198.5	200	154.5	61	120	151	40	220	100	107	1352

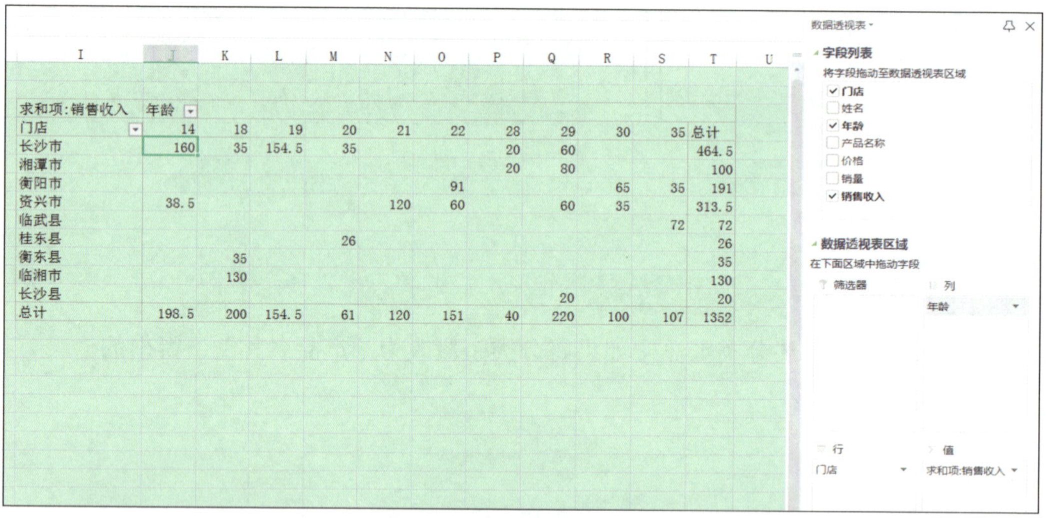

图2-21　设置字段

第五步：选择 J4 单元格，单击上方【分组选择】，弹出分组对话框，如图 2-22 所示，在步长框中输入“3”，然后单击【确定】按钮。

分组结果如图 2-23 所示。数据透视表将年龄以 3 岁为间隔，分成六组，分别是“14-16”“17-19”“20-22”“26-28”“29-31”“32-35”，这样便于对列标签较长的数据进行分组查看。

图2-22　分组对话框

求和项:销售收入	年龄						
门店	14-16	17-19	20-22	26-28	29-31	32-35	总计
长沙市	160	189.5	35	20	60		464.5
湘潭市				20	80		100
衡阳市			91		65	35	191
资兴市	38.5		180		95		313.5
临武县						72	72
桂东县			26				26
衡东县		35					35
临湘市		130					130
长沙县					20		20
总计	198.5	354.5	332	40	320	107	1352

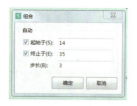

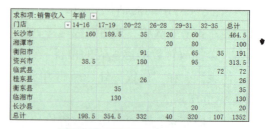

图2-23　分组结果

说明：

（1）数据透视表布局区的"门店"与"年龄"字段的倒三角下拉列表中可以进行字段的排序与筛选操作。

（2）如果数据透视表中的数据源发生了变化，可以通过刷新数据的方法进行更新，不需要重新创建数据透视表，单击鼠标右键，选择【刷新】即可完成数据透视表的更新。

（3）如果数据透视表不需要用了，可以删除数据透视表。

[任务小结]

学习了数据的统计以后，对于数据的分类汇总会比较方便，而相较于分类汇总，数据透视表的功能更为强大，实际应用更广，要求同学们多加练习，为后续的数据分析打下坚实的基础。

任务四 图表的制作

◆ 学习目标 ◆

本任务主要介绍图表的制作方法，要求学生了解Excel提供的图表类型，熟悉并掌握常见的图表制作方法，并在此基础上进行图表的美化，为准确进行数据分析奠定基础。

[任务情境]

按照任务三的操作，销售部小丽已经完成了数据统计工作，但是她最后需要将数据制作成图表的形式交给领导查看，你认为她可以结合已有的数据做出哪些适合的图表为领导分析决策提供依据？请你帮助小丽利用 Excel 提供的工具解决图表制作的问题。

[知识导图]

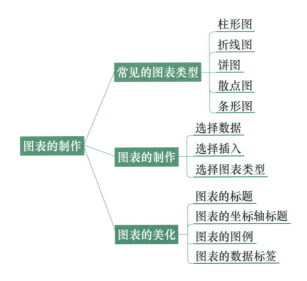

[基础知识]

如果要想解决任务情境中销售部小丽遇到的问题,需要熟悉 Excel 中图表制作的方法。
Excel 提供了强大的图表功能,可以帮助用户利用已有的数据建立各种不同类型的图表,可以对财务数据进行更为直观的分析,常用的五种图表类型有柱形图、折线图、饼图、散点图、条形图等。表 2-5 是常用的图表类型适用情况。

表2-5 常用的图表类型适用情况

图表类型	适用情况
柱形图	适用于体现某个时期内数据的变化情况或比较数据的差异
折线图	适用于体现连续时期内数据连续变化的趋势
饼图	适用于体现数据序列中各项目占总项目的比重
散点图	适用于体现某个或多个数据的变化趋势或绘制 XY 坐标的系列值
条形图	适用于体现各项目数据的差异,与柱形图类似

Excel 中的图表可以通过插入图表的方式进行创建,插入图表界面如图 2-24 所示。

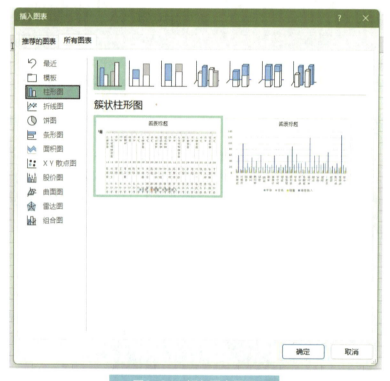

图2-24 插入图表界面

在插入图表界面中左侧可以选择不同的图表类型,然后右侧会出现各式各样的详细图表供用户选择。

[操作工具]

运用 Excel 进行图表制作的主要工具见表 2-6。

表2-6 运用Excel进行图表制作的主要工具

任务技能点	Excel 中可以运用到的主要工具
图表的制作	普通的插入图表
	根据数据透视表插入图表

[操作步骤]

下面开始以任务情境中湖南瑞可可饮品股份有限公司销售部小丽面临的问题为例，运用 Excel 进行操作。

通过分析小丽的问题可知，她做出来的数据既有原始的数据表，也有数据透视表，因此我们应该分开进行操作。

操作步骤如下：

第一步：双击打开"6月销量重要客户表"文件。

第二步：根据原始数据表格插入图表。

按住【Ctrl】键，用鼠标同时选择表中"产品名称"与"销售收入"两列的数据，单击【插入】功能区，在【图表】选项卡中选择【簇状柱形图】，如图 2-25 所示。

图表的制作

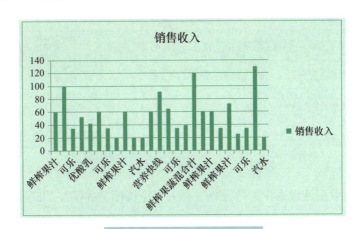

图2-25 簇状柱形图

第三步：进行图表美化。

（1）选择图表的标题，双击"销售收入"文字，将图的标题改为"6月公司各产品销售收入图"。

（2）选择图表，在新出现的【图表设计】功能区选择【添加图表元素】，依次给图表添加横坐标标题与纵坐标标题，横坐标标题为"产品名称"，纵坐标标题为"销售收入"，如图 2-26 所示。

第四步：根据数据透视表插入图表。

创建一个数据透视表放置在现有工作表中的 I2 单元格中，将"年龄"作为行标签，"销售收入"作为值进行求和，如图 2-27 所示。

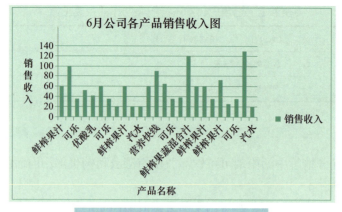

图2-26　柱形图美化后界面

图2-27　创建数据透视表

然后选择任意数据透视表中的单元格，插入一个饼图，如图2-28所示。

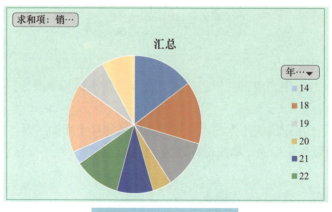

图2-28　插入饼图

第五步：进行图表美化。

（1）首先选择图表的标题，双击"汇总"文字，将饼图的标题改为"各年龄客户的销售收入合计"。

（2）然后选择饼图，鼠标右击选择【添加数据标签】，然后鼠标右击选择【设置数据标签格式】，弹出的对话框如图2-29所示，选中"百分比"，单击【关闭】按钮。

（3）选中右侧的图例，鼠标右击选择【设置图例格式】，弹出的对话框如图2-30所示，将图例位置选择为"底部"。

图2-29　设置数据标签格式对话框　　　　图2-30　设置图例格式对话框

单击【关闭】按钮，饼图美化后界面如图2-31所示。

图2-31　饼图美化后界面

思考题

请思考上述两种操作插入的图表（根据原始数据插入图表与根据数据透视表插入图表）有何不同？

[任务小结]

图表的制作可以更加直观地展示数据的分布与趋势情况，便于领导进行分析与决策，但是相比两种插入图表的方式，通过数据透视表做出来的图表可以进行整体或者局部的分析，更为方便。

技能操作练习题

1. 根据项目一技能操作练习题第一题的操作结果完成下列各项操作：
（1）对表中的数值型数据按部门进行分类汇总。
（2）将财务部人员实发工资大于10000元的记录筛选出来，复制到空白区域。
（3）将生产车间或高级职称的记录筛选出来，复制到空白区域。
（4）将"部门"作为行标签，"基本工资"作为列标签，"职工编号"作为值（计数）来制作一张数据透视表，然后基本工资按5000元进行分组显示。
（5）根据各部门职工的实发工资制作一张名为"各部门职工实发工资对比"的三维簇状柱形图，横坐标标题为"部门"，纵坐标标题为"金额"，要求图表美观大方，布局要素齐全，结构合理。

2. 表2-7是大海公司各分店销售资料，要求根据资料完成下列各项操作：

表2-7　大海公司各分店销售资料

分 店	销 售 地	商 品 名 称	单价（元）	销量（台）	销售额（元）
分店1	北京	空调	3000	500	1500000
分店2	上海	洗衣机	3000	1500	4500000
分店1	上海	彩电	2500	3000	7500000
分店3	杭州	冰箱	3500	2000	7000000
分店1	长沙	空调	2500	800	2000000
分店2	武汉	洗衣机	3000	1300	3900000
分店3	北京	彩电	2200	1900	4180000
分店1	成都	冰箱	3000	2100	6300000
分店2	南京	空调	3500	700	2450000
分店3	天津	洗衣机	3200	6600	21120000
分店3	长沙	彩电	2500	2800	7000000
分店1	北京	冰箱	4000	2500	10000000

（1）将销售到北京地区并且销售额大于4000000元的记录筛选出来，复制到空白区域。
（2）计算出每个分店的总销售额，制作出一张各分店销售业绩表。
（3）对表中的销售额按分店进行分类汇总。
（4）根据各分店的销售额，制作一张各分店销售额占比情况的饼图，要求图表美观大方，布局要素齐全，结构合理。

3. 查看自己近三个月的消费数据（微信支付或者支付宝支付均可），编制一张消费记录表，然后根据该表制作出一张折线图，分析自己的消费是否存在问题及如何改进，并讨论过度消费带来的麻烦及如何避免过度消费。

项目三
Excel 数据分析与决策

学习内容

本项目主要介绍Excel的数据分析与决策的内容与方法。通过学习本项目，学生可以了解企业进行财务管理的诸多决策，包括筹资管理、投资管理、营运资金管理、利润管理以及财务报表分析等决策应该掌握的相关知识，能够熟练运用Excel提供的函数和工具，进行决策分析。

◎ 项目典型工作任务

- 资金需用量的预测
- 筹资决策方法
- 投资决策方法
- 固定资产更新决策
- 最佳现金持有量决策
- 应收账款信用决策
- 经济订货批量决策
- 销售预测
- 目标利润分析
- 本量利分析
- 财务指标分析
- 综合分析
- 函数的使用
- 常用函数

任务一　筹资分析与决策

◆ 学习目标 ◆

本任务主要介绍筹资分析与决策的内容与方法，要求学生在明确企业筹资的目的及要求，熟悉各种筹资渠道和方式的知识基础上，掌握如何运用Excel提供的函数与工具对企业的资金需用量进行预测分析，并结合各种筹资方式的资本成本、杠杆效应进行最佳资本结构的决策。

[任务情境]

湖南瑞可可饮品股份有限公司2023年第1、2季度销量下滑，导致资金紧张。目前公司管理层想要进行筹资，请你帮助公司解决如下几个问题：首先，公司需要筹集多少资金；其次，公司可以选择哪些方式筹资；最后，哪种方式是公司的最佳选择。公司的相关数据资料见表3-1～表3-4。

表3-1 资产负债表（简表）

2022年12月31日　　　　　　　　　　　　　　　　　　　　　　　　单位：万元

资　产	期末余额	负债及所有者权益	期末余额
货币资金	1000	应付账款	1000
应收账款净额	50000	应付票据	30000
无形资产	60000	长期借款	80000
固定资产	70000	股本	70000
资产合计	181000	负债及所有者权益合计	181000

表3-2 其他相关数据

项　目	2022年
销售收入	200000万元
销售增长率	15%
利润分配率	90%
销售净利率	12%
零星资金需求	5760万元

表3-3 公司历年销售量与资金占用量

年　度	销售量（万瓶）	资金占用量（万元）
2018	60000	8000
2019	70000	10000
2020	58000	8000
2021	39800	4800
2022	40000	6800
2023	42000	

表3-4 公司年初的资金结构表

资金来源	资本成本（%）	金额（万元）
长期借款	10	80000
长期债券	12	60000
普通股	15	70000（700万股，面值100元）

[知识导图]

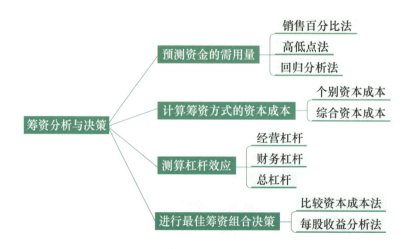

[基础知识]

企业要想解决任务情境中筹资管理的问题，需要进行筹资分析与决策，筹资分析与决策过程分为以下四个步骤：

一、预测资金的需用量

预测资金的需用量可以采用两种方法：第一种是销售百分比法，第二种是资金习性预测法。资金习性预测法又可细分为高低点法与回归分析法。

1. 销售百分比法

销售百分比法是根据企业的资产负债表中某些资产和负债项目与基期的销售收入之间的依存关系，结合预测期的销售收入来预测企业外部筹资金额的方法。该方法的优点是操作简单，能够提供短期预测资金变动，一般适合于市场中销售比较成熟的企业。

销售百分比法的具体步骤如下：

（1）计算敏感性资产与敏感性负债与基期销售收入的百分比。

首先需要将资产负债表中的项目按照是否与销售收入存在敏感关系分为敏感性项目和非敏感性项目。资产负债表中左边的资产敏感性项目一般可以按照流动性进行划分，流动资产一般属于敏感性项目，如货币资金、应收账款、存货等。资产负债表中右边的负债敏感性项目一般可以按时间长短进行划分，短期负债一般属于敏感性项目，如应付账款、应交税费、应付职工薪酬等。其中短期借款是人为可以安排的，一般不会随着收入变化自动产生变化，所以不属于敏感性项目。

（2）计算预测期的销售收入与净利润。

根据销售增长率、销售净利率等指标计算预测期的销售收入与净利润。

（3）计算预测期外部资金需用量。

公式为

外部筹资额 = 增加的敏感性资产 − 增加的敏感性负债 − 增加的留存收益
= 敏感性资产销售百分比 × 新增销售额 − 敏感性负债销售百分比 × 新增销售额 − 预测期销售收入 × 销售净利率 × 利润留存率

2. 资金习性预测法

资金习性预测法是根据企业历史上的资金占用量与产销量之间的关系来预测资金需用量的一种方法。资金习性是指资金的变动与企业的产销量变动之间的依存关系。其基本的模型为

$$Y = a + bX$$

式中　Y——资金占用量；
　　　X——销售量；
　　　a——不变资金；
　　　b——单位变动资金。

通过将企业的历史数据代入上述模型，可以采用高低点法或回归分析法计算得出 a、b 的值，再将预测的销售量代入模型，即可计算出预测的资金需用量。

(1)高低点法。

高低点法是根据一定相关范围内,在资金需用量与产销量所构成的所有坐标点中,选择产销量的最高点和销售量的最低点对应的两个点的坐标,并据此计算出不变资金与单位变动资金,进而计算出资金需用量的一种方法。该方法的优点是简单易操作、便于理解,缺点是准确性不强。一般只适合于资金变动比较稳定的企业。

公式为

$b=$(最高销量的资金占用量 − 最低销量的资金占用量)/(最高销量 − 最低销量)

$a=$ 最高销量的资金占用量 $-b\times$ 最高销量

$=$ 最低销量的资金占用量 $-b\times$ 最低销量

(2)回归分析法。

回归分析法是运用有关历史资料,基于最小平方法原理,计算出代表平均资金水平的直线的截距与斜率,建立直线方程,进而计算出资金需用量的一种方法。该种方法预测的准确性比高低点法强。

公式为

$$b=\frac{n\sum XY - \sum X \sum Y}{n\sum X^2 - (\sum X)^2} \qquad a=\frac{\sum X^2 \sum Y - \sum X \sum XY}{n\sum X^2 - (\sum X)^2}$$

二、计算筹资方式的资本成本

资本成本是指企业为筹集和运用资金而付出的代价,如筹资费用、运用费用等。由于不同筹资方式下资本成本是不同的,因此需要熟悉不同筹资方式下个别资本成本如何计算,同时还需要对不同筹资组合下综合资本成本进行比较,判断哪种资本组合是最优的。

1. 个别资本成本

个别资本成本是指运用各种长期资金的成本,主要包括长期借款、长期债券、优先股、普通股以及留存收益等的资本成本。各种方式下个别资本成本的计算公式见表3-5。

表3-5 各种方式下个别资本成本的计算公式

种 类	资本成本计算公式	备 注
长期借款	$K_L = \dfrac{I_L \times (1-T)}{L \times (1-f)} \times 100\%$ $= \dfrac{R_L \times (1-T)}{(1-f)} \times 100\%$	K_L——长期借款资本成本;I_L——借款年利息;T——所得税税率;L——长期借款总额;f——筹资费用率;R_L——年利率
长期债券	$K_b = \dfrac{I_b \times (1-T)}{B \times (1-f)} \times 100\%$	K_b——长期债券资本成本;I_b——债券年利息;T——所得税税率;B——长期债券总额;f——筹资费用率
优先股	$K_p = \dfrac{D_p}{P_p \times (1-f)} \times 100\%$	K_p——优先股资本成本;D_p——优先股年利息;P_p——优先股总额;f——筹资费用率
普通股	$K_s = \dfrac{D_1}{P_0 \times (1-f)} + g$	K_s——普通股资本成本;D_1——第1年股利;P_0——普通股总额,按发行价格计算;f——筹资费用率;g——股利增长率
	$K_c = R_f + \beta \times (R_m - R_f)$	K_c——普通股资本成本;R_f——无风险报酬率;β——风险程度系数;R_m——市场平均必要报酬率
留存收益	$K_R = \dfrac{D_1}{P_0} + g$	K_R——留存收益资本成本;D_1——第1年股利;P_0——普通股总额,按发行价格计算;g——股利增长率

2. 综合资本成本

企业的筹资方式是多样化的，一般而言，企业的总资本是由多种筹资方式组合而形成的，不同筹资组合下资本成本也会有高低差异。因此，为了进行筹资决策，企业需要计算出综合资本成本（也称为加权平均资本成本）。综合资本成本的计算公式为

$$K_w = \sum_{j=1}^{n} W_j \times K_j$$

式中　K_w——综合资本成本；

W_j——第 j 种资本占总资本的比重；

K_j——第 j 种资本的个别资本成本。

三、测算杠杆效应

企业筹资过程中也存在着类似物理学中的杠杆效应，了解杠杆效应能够帮助我们合理规避风险，提高企业的财务管理水平。财务管理中的杠杆效应包括三种形式：经营杠杆、财务杠杆和总杠杆。

1. 经营杠杆

经营杠杆是指企业在生产经营中由于存在固定成本而引起的息税前利润变动幅度大于产销量变动幅度的杠杆效应。财务管理中一般用经营杠杆系数（DOL）对经营杠杆进行衡量。经营杠杆系数的计算公式为

$$\text{DOL} = \frac{\Delta \text{EBIT}/\text{EBIT}_0}{\Delta Q/Q_0} = \frac{\Delta \text{EBIT}/\text{EBIT}_0}{\Delta S/S_0} = \frac{(p-v) \times Q}{(p-v) \times Q - F}$$

式中　DOL——经营杠杆系数；

ΔEBIT——息税前利润变动额；

EBIT_0——基期息税前利润；

ΔQ——销量变动数；

Q_0——基期销量；

ΔS——销售额变动数；

S_0——基期销售额；

p——单价；

v——单位变动成本；

Q——产销量；

F——固定成本。

结论：一般来说，在其他因素不变的情况下，固定成本越高，经营杠杆系数越大，经营风险越大；销售量（额）越大，经营杠杆系数越小，经营风险越小；变动成本（单位变动成本）越大，经营杠杆系数越大，经营风险越大。

2. 财务杠杆

财务杠杆是指企业由于存在固定财务费用而引起的每股收益变动幅度大于息税前利润变动幅度的杠杆效应。财务管理中一般用财务杠杆系数（DFL）对财务杠杆进行衡量。财

务杠杆系数的计算公式为

$$DFL = \frac{\Delta EPS/EPS_0}{\Delta EBIT/EBIT_0} = \frac{EBIT}{EBIT-I} = \frac{EBIT}{EBIT-I-D_p/(1-T)}$$

式中　DFL——财务杠杆系数；
　　ΔEPS——普通股每股收益变动数；
　　EPS_0——基期普通股每股收益；
　　EBIT——息税前利润；
　　I——债务利息；
　　T——所得税税率；
　　D_p——优先股股息。

结论：财务杠杆系数放大了资产报酬变动对普通股收益的影响，财务杠杆系数越大，财务风险也越大。

3. 总杠杆

总杠杆是指一种复合杠杆，是由于固定生产经营成本和固定财务费用的共同存在而导致的每股收益变动幅度大于产销量变动幅度的杠杆效应。财务管理中一般用总杠杆系数（DTL）对总杠杆进行衡量。总杠杆系数的计算公式为

$$DTL = \frac{\Delta EPS/EPS_0}{\Delta Q/Q_0} = \frac{\Delta EPS/EPS_0}{\Delta S/S_0} = \frac{Q\times(p-v)}{EBIT-I} = DOL\times DFL$$

结论：在其他因素不变的情况下，总杠杆系数越大，总风险越大。

企业要想保持一定的风险状况水平，就需要维持一定的总杠杆系数，那么经营杠杆与财务杠杆可以进行不同的组合，具体组合形式见表3-6。

表3-6　经营杠杆与财务杠杆的不同组合

种　类	经营特征	筹资特点	企业举例
固定资产比重较大的资本密集型企业	经营杠杆系数高 经营风险大	企业筹资主要依靠权益资本，保持较小的财务杠杆系数和财务风险	如冶金工业、石油工业、机械制造业等重工业
变动资本比重较大的劳动密集型企业	经营杠杆系数低 经营风险小	企业筹资主要依靠债务资本，保持较大的财务杠杆系数和财务风险	纺织业、服务企业、食品企业、日用百货等轻工企业以及服务性企业等
初创阶段	产品市场占有率低 产销业务量小 经营杠杆系数大	企业筹资主要依靠权益资本，在较低程度上运用财务杠杆	—
扩张、成熟阶段	产品市场占有率高 产销业务量大 经营杠杆系数小	企业筹资可以扩大债务资本，在较高程度上运用财务杠杆	—
衰退阶段	产品市场占有率下降 经营风险逐步加大	逐步降低债务资本的比重	—

四、进行最佳筹资组合决策

企业进行筹资管理的最后一个步骤就是要综合考虑有关影响因素，运用适当的方法确定最优资本结构。最优资本结构是指在一定条件下使得企业综合资本成本最低，企业价值

最大的资本结构。在实际工作中一般可以采用比较资本成本法、每股收益分析法等来确定最优资本结构。

1. 比较资本成本法

比较资本成本法是指通过计算不同筹资方案下的综合资本成本（或加权平均资本成本），并从中选择综合资本成本最低的方案为最优资本结构的方案的一种方法。

2. 每股收益分析法

每股收益分析法是指通过分析资本结构与每股收益之间的关系，进而来确定合理的资本结构的一种方法。这种方法要求能够确定每股收益无差别点，每股收益无差别点是指每股收益不受筹资方式影响的息税前利润水平，即使不同资本结构每股收益均相等的息税前利润。每股收益（EPS）的计算公式为

$$EPS = \frac{(EBIT - I) \times (1 - T) - D}{N}$$

结论：不同方案下每股收益无差别点的息税前利润是相同的，当预期的息税前利润大于无差别点的息税前利润时，应该选择负债筹资方案；反之，则选择权益筹资方案。

[操作工具]

运用 Excel 进行筹资分析与决策的主要工具见表 3-7。

表3-7 运用Excel进行筹资分析与决策的主要工具

任务技能点	Excel 中可以运用到的主要工具
筹资分析与决策	函数： （1）逻辑函数：IF（条件） （2）统计函数：MAX（最大值）、MIN（最小值）、SLOPE（斜率）、INTERCEPT（截距）、FORECAST（预测值） （3）数学函数：SUM（无条件求和）、ROUND（四舍五入）、SUMPRODUCT（乘积求和）
	单元格的引用： （1）相对引用 （2）绝对引用
	填充数据：填充柄
	数组公式：【Ctrl+Shift+Enter】组合键
	单变量求解工具
	图形的插入与格式化

[操作步骤]

下面开始以任务情境中湖南瑞可可饮品股份有限公司面临的筹资问题为例，按照筹资的分析决策步骤运用 Excel 进行操作。

一、预测资金的需用量

1. 运用销售百分比法预测资金的需用量

操作步骤如下：

第一步：在 Excel 中制作出表 3-1 的资产负债表数据，将表 3-2 中其他相关已知数据

录入 Excel 下方空白区域。接着在 B 列与 D 列后面分别插入 2 列数据，命名为"敏感否"与"百分比 %"，如图 3-1 所示。

	A	B	C	D	E	F	G	H
1	表3-1 资产负债表（简表）							
2						2022年12月31日		单位：万元
3	资产	期末余额	敏感否	百分比	负债及所有者权益	期末余额	敏感否	百分比
4	货币资金	1000			应付账款	1000		
5	应收账款净额	50000			应付票据	30000		
6	无形资产	60000			长期借款	80000		
7	固定资产	70000			股本	70000		
8	资产合计	181000			负债及所有者权益合计	181000		
9	2022年收入			200000				
10	2023年销售增长率			15%	2023年预计收入			
11	利润分配率			90%	2023年预计净利润			
12	零星资金需要	5760						
13	销售净利率			12%				
14	预测期追加筹资额							
15	其中：留存利润							
16	外界筹资							

图3-1 制作资产负债表数据

第二步：进行预测。

（1）首先判断资产与负债项目是否是敏感性项目，填入单元格 C4：C7 和单元格 G4：G7 中。

（2）计算敏感性项目的销售百分比，运用逻辑函数 IF 判断资产与负债项目的敏感性，在单元格 D4 中输入公式"=IF(C4="是",B4/$D$9,0%)"，然后在 D4 单元格中运用填充柄填充到 D7 单元格，并对单元格 D4：D7 进行自动求和。同理，在单元格 H4 中输入公式"=IF(G4="是",F4/$D$9,0%)"，然后在 H4 单元格中运用填充柄填充到 H7 单元格，并对单元格 H4：H7 进行自动求和。

（3）计算预测期的销售收入与净利润，在单元格 F10 中输入公式"=D9*(1+D10)"，在单元格 F11 中输入公式"=F10*D13"。

（4）预测外部筹资额，在单元格 F14 中输入公式"=D8*D9*D10-H8*D9*D10"或者输入简化公式"=(F10-D9)*(D8-H8)"，在单元格 F15 中输入公式"=F11*(1-D11)"，在单元格 F16 中输入公式"=F14-F15+B12"，即得出湖南瑞可可股份有限公司 2023 年外部资金需用量为 6000 万元，如图 3-2 所示。

	A	B	C	D	E	F	G	H
1	表3-1 资产负债表（简表）							
2						2022年12月31日		单位：万元
3	资产	期末余额	敏感否	百分比	负债及所有者权益	期末余额	敏感否	百分比
4	货币资金	1000	是	1%	应付账款	1000	是	1%
5	应收账款净额	50000	是	25%	应付票据	30000	是	15%
6	无形资产	60000	否	0%	长期借款	80000	否	0%
7	固定资产	70000	否	0%	股本	70000	否	0%
8	资产合计	181000		26%	负债及所有者权益合计	181000		16%
9	2022年收入			200000				
10	2023年销售增长率			15%	2023年预计收入		230000	
11	利润分配率			90%	2023年预计净利润		27600	
12	零星资金需要	5760						
13	销售净利率			12%				
14	预测期追加筹资额					3000		
15	其中：留存利润					2760		
16	外界筹资					6000		

图3-2 销售百分比法

2. 运用资金习性预测法预测资金的需用量

操作步骤如下：

第一步：在 Excel 中制作出表 3-3 公司历年销售量与资金占用量的数据，如图 3-3 所示。

	A	B	C	D
1	资金习性预测法基础数据			
2	年度	销量（万瓶）	资金需用量（万元）	
3	2018	60000	8000	预测资金需用量（万元）
4	2019	70000	10000	
5	2020	58000	8000	
6	2021	39800	4800	
7	2022	40000	6800	
8		b	a	y
9	高低点法			
10	回归分析法			

图3-3　公司历年销售量与资金占用量

第二步：如果采用高低点法预测资金需用量，要求解最高点与最低点可以运用 MAX 与 MIN 函数，在单元格 B9 中输入公式"=ROUND((C4-C6)/(MAX(B3:B7)-MIN(B3:B7)),4)"，得出斜率 b 为 0.1722，在单元格 C9 中输入公式"=ROUND(C4-B9*MAX(B3:B7),2)"，得出截距 a 为 -2054，然后在单元格 D9 中输入公式"=ROUND(C9+B9*42000,2)"，得出 2023 年预测的资金需用量为 5178.4 万元。

如果采用回归分析法预测资金的需用量，求解线性方程的斜率、截距与预测值可以分别运用统计函数 SLOPE、INTERCEPT 与 FORECAST。

在单元格 B10 中输入公式"=ROUND(SLOPE(C3:C7,B3:B7),4)"，得出斜率 b 为 0.1322，在单元格 C10 中输入公式"=ROUND(INTERCEPT(C3:C7,B3:B7),2)"，得出截距 a 为 437.36，然后在单元格 D10 中输入公式"=ROUND(FORECAST(46000,C3:C7,B3:B7),2)"，得出 2023 年预测的资金需用量为 5991.34 万元，如图 3-4 所示。

	A	B	C	D
1	资金习性预测法基础数据			
2	年度	销量（万瓶）	资金需用量（万元）	
3	2018	60000	8000	预测资金需用量（万元）
4	2019	70000	10000	
5	2020	58000	8000	
6	2021	39800	4800	
7	2022	40000	6800	
8		b	a	y
9	高低点法	0.1722	-2054.00	5178.40
10	回归分析法	0.1322	437.36	5991.34

图3-4　资金习性预测法

结论：根据销售百分比法与资金习性预测法的计算结果，湖南瑞可可饮品股份有限公司的领导层决定将 2023 年的筹资金额确定为 6000 万元。

二、计算筹资方式资本成本

湖南瑞可可饮品股份有限公司需要筹资 6000 万元，拟通过银行借款、发行债券、发行普通股三种方式筹集，表 3-4 已经列出了公司年初的各项长期资金的个别资本成本数据，我们可以直接运用该数据进行下一步骤的求解。

三、测算杠杆效应

湖南瑞可可饮品股份有限公司属于食品行业，处于成熟期，产品市场占有率高，产销业务量大，经营杠杆系数低，经营风险较小，根据表 3-6 的结论，公司筹资可以主要依靠债务资本，保持较大的财务杠杆系数和财务风险。

根据前面步骤确定的湖南瑞可可饮品股份有限公司的外部筹资额为 6000 万元，公司确定了甲、乙、丙三种筹资组合方案，具体内容见表 3-8。

表3-8　公司拟筹资的组合方案　　（单位：万元）

筹资方式	甲方案		乙方案		丙方案	
	筹资额	资本成本率	筹资额	资本成本率	筹资额	资本成本率
长期借款	3200	10%	2000	10%	5000	10%
长期债券	2000	12%	3500	12%	800	12%
普通股	800	15%	500	15%	200	15%
合计	6000		6000		6000	

四、进行最佳筹资组合决策

1. 运用比较资本成本法确定最佳资本结构

运用比较资本成本法确定最佳资本结构

操作步骤如下：

第一步：结合表 3-8 中各筹资组合方案的数据，在 Excel 中制作出三种方案下资本结构组合，在三种方案下均插入一列数据，命名为“比重”，如图 3-5 所示。

	A	B	C	D	E	F	G	H	I	J
1	筹资决策（6000万）（单位：万元）									
2	筹资方式	甲方案			乙方案			丙方案		
3		筹资额	比重	资本成本	筹资额	比重	资本成本	筹资额	比重	资本成本
4	长期借款	3200		10%	2000		10%	5000		10%
5	长期债券	2000		12%	3500		12%	800		12%
6	普通股	800		15%	500		15%	200		15%
7	合计	6000			6000			6000		

图3-5　各筹资组合方案

第二步：计算出各方案下各筹资方式筹资额的比重，选中 C4:C6 区域，在编辑栏中输入公式“=B4:B6/B7”，然后按下组合键【Ctrl+Shift+Enter】，并对 C4:C6 区域进行自动求和。同理，选中 F4:F6 区域，在编辑栏中输入公式“=E4:E6/E7”，然后按下组合键【Ctrl+Shift+Enter】，并对 F4:F6 区域进行自动求和；选中 I4:I6 区域，在编辑栏中输入公式“=H4:H6/H7”，然后按下组合键【Ctrl+Shift+Enter】，并对 I4:I6 区域进行自动求和。

第三步：计算出各方案下综合资本成本，可以运用乘积求和函数 SUMPRODUCT 求解。在单元格 D7 中输入公式“=ROUND(SUMPRODUCT(D4:D6,C4:C6),2)”，得出甲方案下综合资本成本为 11%，在单元格 G7 中输入公式“=ROUND(SUMPRODUCT(G4:G6,F4:F6),2)”，得出乙方案下综合资本成本为 11%，在单元格 J7 中输入公式“=ROUND(SUMPRODUCT(J4:J6,I4:I6),2)”，得出丙方案下综合资本成本为 10%，如图 3-6 所示。

	A	B	C	D	E	F	G	H	I	J
1	筹资决策（6000万）（单位：万元）									
2	筹资方式	甲方案			乙方案			丙方案		
3		筹资额	比重	资本成本	筹资额	比重	资本成本	筹资额	比重	资本成本
4	长期借款	3200	53%	10%	2000	33%	10%	5000	83%	10%
5	长期债券	2000	33%	12%	3500	58%	12%	800	13%	12%
6	普通股	800	13%	15%	500	8%	15%	200	3%	15%
7	合计	6000	100%	11.00%	6000	100%	11.00%	6000	100%	10.00%

图3-6　比较资本成本法

结论：通过比较资本成本的高低，可以看出三个方案中丙方案的综合资本成本最低，因此公司应该选择的最佳筹资组合为丙方案，即6000万元分别由长期借款5000万元、长期债券800万元以及普通股200万元组成。

> **注意**：如果企业有追加筹资的计划，那么采用比较资本成本法分析时，一定要明确追加后的筹资组合是如何构成的，追加后的各筹资方式下的个别资本成本应该是组合而来的资本成本，不能直接运用原来的个别资本成本数据进行计算。例如，在此基础上追加长期借款1000万元，个别资本成本为11%，则追加后的长期借款个别资本成本=5000/（5000+1000）×10%+1000/（5000+1000）×11%=10.17%。

2. 运用每股收益分析法确定最佳资本结构

操作步骤如下：

第一步：结合表3-4中公司年初的资本结构数据，以及公司拟筹资6000万元的相关信息，在Excel中制作每股收益分析模型表，甲方案是运用股权筹资6000万元，乙方案是运用债务筹资6000万元，由于年初公司的资本结构债务资本有长期借款与长期债券两部分资金，因此乙方案中的债务筹资的利率11%是取长期借款利率与长期债券利率的平均数，如图3-7所示。

运用每股收益分析法确定最佳资本结构

	A	B	C	D	E	F	G	H
1			已知条件					
2	现有资本结构				追加筹资方案			
3	股东权益（万元）	70000	普通股份数（万股）	700			方案甲	
4	债务（万元）	80000	长期借款利率	10%	股票筹资额（万元）	6000	新增股份数（万股）	60
5		10000	长期债券利率	12%				
6	现有资本（万元）	160000					方案乙	
7	所得税税率	25%			债务筹资额（万元）	6000	债务利率	11%
8			计算过程					
9			计算过程					
10	预计息税前利润（万元）							
11	方案甲每股利润（元/股）							
12	方案乙每股利润（元/股）							
13	最优筹资方案							
14								
15	目标函数：方案甲每股利润-方案乙每股利润							
16	无差别点的息税前利润（万元）							
17	无差别点的每股利润（元/股）							

图3-7 现有资本结构与筹资方案

第二步：在单元格C15中输入目标函数。目标函数为甲方案的每股利润减去乙方案的每股利润，即"=(C16-B4*D4-B5*D5)*(1-B7)/(D3+H4)-(C16-B4*D4-B5*D5-F7*H7)*(1-B7)/D3"。

第三步：求解目标函数方程中的无差别点息税前利润，可以运用单变量求解工具。依次单击【数据】功能区、【模拟分析】、【单变量求解】。系统会自动弹出单变量求解的对话框，在目标单元格中选中C15，目标值输入"0"，可变单元格选中C16，然后单击【确定】按钮，即可得出两个方案下无差别点息税前利润为17560万元。单变量求解对话框如图3-8所示。

图3-8 单变量求解对话框

第四步：计算无差别点的每股利润。

在C17单元格中输入公式"=(C16-B4*D4-B5*D5)*(1-B7)/(D3+H4)"，即可得出无差别点的每股利润为8.25元。

第五步：绘制每股利润与息税前利润关系图，由于求解得出无差别点息税前利润为

17560万元，此处可以从16000万元开始将预计息税前利润按500万元进行梯度间隔设置。

在B11单元格中输入公式"=(B10−$B$4*$D$4−$B$5*$D$5)*(1−$B$7)/($D$3+$H$4)"，运用填充柄向右填充到H11单元格。

在B12单元格中输入公式"(B10−$B$4*$D$4−$B$5*$D$5−$F$7*$H$7)*(1−$B$7)/$D$3"，然后运用填充柄向右填充到H12单元格。

最后运用逻辑函数IF判断最优筹资方案。在B13单元格中输入公式"=IF(B11>B12,"方案甲","方案乙")"，运用填充柄向右填充到H13单元格，结果如图3-9所示。

	A	B	C	D	E	F	G	H
1				已知条件				
2	现有资本结构				追加筹资方案			
3	股东权益（万元）	70000	普通股份数（万股）	700			方案甲	
4	债务（万元）	80000	长期借款利率	10%	股票筹资额（万元）	6000	新增股份数（万股）	60
5		10000	长期债券利率	12%				
6	现有资本	160000					方案乙	
7	所得税税率	25%			债务筹资额（万元）	6000	债务利率	11%
8								
9	计算过程							
10	预计息税前利润（万元）	16000	16500	17000	17500	18000	18500	19000
11	方案甲每股利润（元/股）	6.71	7.20	7.70	8.19	8.68	9.18	9.67
12	方案乙每股利润（元/股）	6.58	7.11	7.65	8.19	8.72	9.26	9.79
13	最优筹资方案	方案甲	方案甲	方案甲	方案甲	方案乙	方案乙	方案乙
14								
15	目标函数：方案甲每股利润-方案乙每股利润		0					
16	无差别点的息税前利润（万元）		17560					
17	无差别点的每股利润（元/股）		8.25					

图3-9 无差别点的息税前利润与每股利润

选中A10:H12区域，在【插入】功能区中选中散点图，即可绘制出每股利润与息税前利润关系图，最后对散点图进行格式化，如图3-10所示。

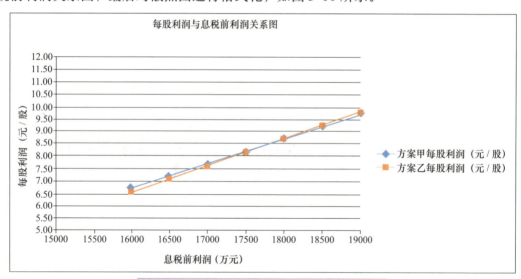

图3-10 每股利润与息税前利润关系图

结论：通过对比甲方案与乙方案的每股利润，当预计的息税前利润为17560万元时，两个方案下每股利润相等，均为8.25元/股；当预计的息税前利润小于17560万元时，甲方案的每股利润更高，应采用甲方案进行筹资；当预计的息税前利润大于17560万元时，乙方案的每股利润更高，应采用乙方案进行筹资。

> **注意**：图3-10中的横轴与纵轴需要修改设置坐标轴格式，包括最大值、最小值与刻度单位均需要修改。

[任务小结]

筹集资金是企业的一项基本财务活动，每个企业都有自身的特点，如企业所属行业、所处的发展阶段等，因此，同学们在进行筹资管理时，需要结合企业特点，合理运用Excel中的工具与方法，这样才能提高工作效率，帮助企业进行筹资分析，做出最佳的筹资决策。

当然，上述的操作工具只是参考，非常鼓励同学们自己多思考、多操作，尽可能多地掌握操作工具与方法。

任务二 投资分析与决策

◆ 学习目标 ◆

本任务主要介绍投资分析与决策的内容与方法，要求学生在明确企业投资的目的及要求，熟悉各种投资决策方法的基础上，掌握如何运用Excel提供的函数与工具对企业的投资项目进行指标评价与可行性分析，从而帮助企业进行正确的投资。

[任务情境]

2023年年底，湖南瑞可可饮品股份有限公司存在一笔闲置资金，公司的领导层计划进行两项投资。

（1）第一项投资。现在公司面临甲乙两个独立的投资方案，甲乙投资方案的有关数据资料见表3-9，假定资本成本率为10%，请你帮助公司解决如下两个问题：①公司拟投资的甲乙方案该如何评价；②确定公司最佳投资选择方案。

表3-9 甲乙投资方案的有关数据资料

期间（年）	甲 方 案		乙 方 案	
	净收益（万元）	现金净流量（万元）	净收益（万元）	现金净流量（万元）
0		−50000		−20000
1	1000	12000	−1500	5000
2	5000	18000	2000	10000
3		36000	4000	13000

（2）第二项投资。公司有一台制冰机，原值为10万元，预计使用年限为10年，已使用3年，目前市场上有一种性能更好的同类制冰机，新旧制冰机的原始资料见表3-10。公司现面临一项决策，是继续使用旧的制冰机还是更新，如果更新设备，可以将旧设备处置，可得净收益30000元。请你帮助公司领导层做出正确的决策。

表3-10 新旧制冰机的原始资料

项 目	旧 设 备	新 设 备
原始价值	100000	150000
预计使用年限	10	7
已使用年限	3	0
年收入	200000	260000
年付现成本	100000	130000
预计净残值	5000	7500
折旧方法	直线法	年数总和法
资本成本率	10%	
所得税税率	25%	

[知识导图]

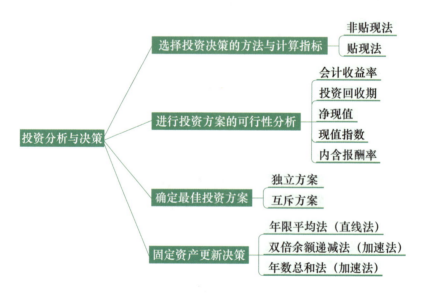

[基础知识]

企业要想解决任务情境中投资管理的问题，需要进行投资分析与决策，投资分析与决策主要有以下内容：

一、选择投资决策的方法与计算指标

投资决策分析的方法一般可以分为两类：非贴现法与贴现法。非贴现法是指不考虑资金时间价值的方法，主要包括会计收益率和投资回收期两个评价指标。贴现法是指考虑资金时间价值的方法，主要包括净现值、现值指数和内含报酬率三个评价指标。投资决策的方法和计算公式见表3-11。

表3-11 投资决策的方法和计算公式

方法	指标	计算公式	备注
非贴现法	会计收益率	年平均利润额 / 原始投资额	—
	投资回收期	原始投资额 / 年现金净流量	当年现金净流量相等时使用
		（累计现金净流量首次出现正值的年份 –1）+ 当年尚未回收的投资额的绝对值 / 下年的现金净流量	当年现金净流量不相等时使用
贴现法	净现值	现金流量的现值 – 原始投资额的现值	—
	现值指数	现金流量的现值 / 原始投资额的现值	—
	内含报酬率	使净现值为 0 时的折现率	—

二、进行投资方案的可行性分析

投资方案是否可行，依据的是各项评价指标的数值大小。各项投资评价指标的可行性见表 3-12。

表3-12 各项投资评价指标的可行性

指标	单位	可行性判断依据
会计收益率	比率	会计收益率比率越高，说明方案越好
投资回收期	年数	投资回收期越短，说明方案越好
净现值	金额	净现值大于或等于 0，方案可行
现值指数	比率	现值指数大于或等于 1，方案可行
内含报酬率	比率	内含报酬率大于或等于资本成本率（或预期收益率），方案可行（若互斥方案，内含报酬率越大越好）

三、确定最佳投资方案

参照表 3-12 的可行性判断依据，对各投资方案进行判断，结论如下：

（1）如果投资方案是独立的，一般以各独立方案的获利程度作为评价标准，即采用内含报酬率进行比较决策。

（2）如果投资方案是互斥的，一般以净现值作为评价标准进行比较决策。

四、固定资产更新决策

固定资产是企业从事生产经营活动的基础，企业的固定资产是一项长期资产，由于其价值大，使用期限长，因此在进行固定资产更新决策时可视为企业的一项投资决策。其中选择合适的折旧方法是固定资产更新决策需要特别考虑的影响因素之一，固定资产计提折旧的方法可以采用年限平均法、双倍余额递减法、年数总和法等，不同的折旧方法的折旧速度是不同的。不同折旧方法的年折旧额计算公式见表 3-13。

表3-13 不同折旧方法的年折旧额计算公式

折旧方法	计算公式
年限平均法（直线法）	年折旧额 =（原值 – 预计净残值）/ 预计使用年限 公式 =SLN（原值，残值，折旧年限）
双倍余额递减法	年折旧额 =（原值 – 累计折旧额）×2/ 预计使用年限 公式 =DDB（原值，残值，折旧年限，期间）
年数总和法	年折旧额 =（原值 – 预计净残值）× 尚可使用年限 / 预计使用年限总和 公式 =SYD（原值，残值，折旧年限，期间）

常用的计算固定资产税后现金流量计算公式为：
① 税前净利润＝销售收入－付现成本－折旧额
② 所得税＝税前净利润×所得税税率
③ 税后净利润＝税前净利润－所得税
④ 现金净流量＝税后净利润＋折旧额

[操作工具]

运用 Excel 进行投资分析与决策的主要工具见表 3-14。

表3-14　运用Excel进行投资分析与决策的主要工具

任务技能点	Excel 中可以运用到的主要工具
投资分析与决策	函数： （1）统计函数：AVERAGE（平均值） （2）数学函数：SUM（无条件求和）、ROUND（四舍五入） （3）财务函数：NPV（净现值）、IRR（内含报酬率）、SLN（直线法）、SYD（年数总和法）
	单元格的引用：相对引用
	数组公式：【Ctrl+Shift+Enter】组合键

[操作步骤]

下面开始以任务情境中湖南瑞可可饮品股份有限公司面临的两个投资问题为例，按照投资分析与决策步骤运用 Excel 进行操作。

一、一般投资方案的选择

1. 选择投资方案的方法与计算指标

操作步骤如下：

第一步：在 Excel 中制作出表 3-9 的数据，如图 3-11 所示。

	A	B	C	D	E
1	期间（年）	甲方案		乙方案	
2		净收益（万元）	现金净流量（万元）	净收益（万元）	现金净流量（万元）
3	0		-50000		-20000
4	1	1000	12000	-1500	5000
5	2	5000	18000	2000	10000
6	3		36000	4000	13000

图3-11　制作出表3-9的数据

第二步：在下方空白区域分别输入投资决策的评价指标，包括非贴现法下的会计收益率、投资回收期两个指标和贴现法下的净现值、现值指数、内含报酬率三个指标，如图 3-12 所示。

	A	B	C	D	E
1	期间（年）	甲方案		乙方案	
2		净收益（万元）	现金净流量（万元）	净收益（万元）	现金净流量（万元）
3	0		-50000		-20000
4	1	1000	12000	-1500	5000
5	2	5000	18000	2000	10000
6	3		36000	4000	13000
7	会计收益率				
8	投资回收期				
9	净现值				
10	现值指数				
11	内含报酬率				

图3-12　输入投资决策的评价指标

第三步：计算各投资决策的评价指标。

（1）计算甲乙两个方案的会计收益率。在 B7 单元格中输入公"=AVERAGE(B3:B6)/–C3"，得出甲方案的会计收益率为 6%；同理，将 B7 单元格中的公式复制粘贴到 D7 单元格中，得出乙方案的会计收益率为 8%。

（2）计算甲乙两个方案的投资回收期。判断出累计现金净流量首次出现正值的年份甲乙方案均是第 3 年，因此在 C8 单元格中输入公式"=ROUND((3–1)+–SUM(C3:C5)/C6,2)"，得出甲方案的投资回收期为 2.56 年；同理，将 C8 单元格中的公式复制粘贴到 E8 单元格中，得出乙方案的投资回收期为 2.38 年。

（3）计算甲乙两个方案的净现值。运用 Excel 中的净现值财务函数 NPV 可以求解净现值，在 C9 单元格中输入公式"=ROUND(NPV(10%,C4:C6)+C3,2)"，得出甲方案的净现值为 2832.46 万元；同理，将 C9 单元格中的公式复制粘贴到 E9 单元格中，得出乙方案的净现值为 2577.01 万元。

（4）计算甲乙两个方案的现值指数。运用现值指数公式计算，在 C10 单元格中输入公式"=ROUND(NPV(10%,C4:C6)/–C3,2)"，得出甲方案的现值指数为 1.06；同理，将 C10 单元格中的公式复制粘贴到 E10 单元格中，得出乙方案的现值指数为 1.13。

（5）计算甲乙两个方案的内含报酬率。运用 Excel 中的内含报酬率财务函数 IRR 可以求解内含报酬率，在 C11 单元格中输入公式"=ROUND(IRR(C3:C6),2)"，得出甲方案的内含报酬率为 13%；同理，将 C10 单元格中的公式复制粘贴到 E11 单元格中，得出乙方案的内含报酬率为 16%。最终计算结果如图 3-13 所示。

期间（年）	甲方案		乙方案	
	净收益（万元）	现金净流量（万元）	净收益（万元）	现金净流量（万元）
0		–50000		–20000
1	1000	12000	–1500	5000
2	5000	18000	2000	10000
3		36000	4000	13000
会计收益率	6%		8%	
投资回收期		2.56		2.38
净现值		2832.46		2577.01
现值指数		1.06		1.13
内含报酬率		13.00%		16.00%

图 3-13　最终计算结果

2. 进行投资方案的可行性分析

操作步骤如下：

在各项评价指标的右边输入"结论"列，根据表 3-12 的可行性分析依据，可以在 F7:F11 中直接输入结论，如图 3-14 所示。

期间（年）	甲方案		乙方案		
	净收益（万元）	现金净流量（万元）	净收益（万元）	现金净流量（万元）	
0		–50000		–20000	
1	1000	12000	–1500	5000	
2	5000	18000	2000	10000	
3		36000	4000	13000	结论
会计收益率	6%		8%		乙方案
投资回收期		2.56		2.38	乙方案
净现值		2832.46		2577.01	甲方案
现值指数		1.06		1.13	乙方案
内含报酬率		13.00%		16.00%	乙方案

图 3-14　投资方案可行性分析

会计收益率：甲方案（6%）＜乙方案（8%），故选择乙方案。
投资回收期：甲方案（2.56年）＞乙方案（2.38年），故选择乙方案。
净现值：甲方案（2832.46万元）＞乙方案（2577.01万元），故选择甲方案。
现值指数：甲方案（1.06）＜乙方案（1.13），故选择乙方案。
内含报酬率：甲方案（13%）＜乙方案（16%），故选择乙方案。

3. 确定最佳投资方案

操作步骤如下：

由于拟投资方案中甲乙方案是独立的，一般以各独立方案的获利程度作为评价标准，即采用内含报酬率进行比较决策。在下方最佳投资方案中输入"乙方案"。

两个方案的原始投资额不同但期限相同，尽管甲方案的净现值大于乙，但乙方案的原始投资额低且获利程度更高，因此公司应该选择的最佳投资方案为乙方案，如图3-15所示。

图3-15　最佳投资方案结论

二、固定资产更新方案的选择

操作步骤如下：

第一步：在Excel中制作出表3-10的数据，如图3-16所示。
第二步：在Excel中E到L列空白区域制作出新旧设备的决策分析区域，如图3-17所示。

图3-16　制作出表3-10的数据　　图3-17　制作出新旧设备的决策分析区域

第三步：计算继续使用旧设备的净现值。将已知条件中的年收入、年付现成本数据复制粘贴到相应空白区域，运用Excel中的折旧函数SLN计算直线法下的年折旧额，运用数组公式可提高效率。

（1）选中 F5:L5 区域，输入公式"=SLN(B3,B8,B4)"，然后按下【Ctrl+Shift+Enter】组合键，即可得出旧设备下各年的年折旧额。

（2）选中 F6:L6 区域，输入公式"=(F3:L3−F4:L4−F5:L5)*B11"，然后按下【Ctrl+Shift+Enter】组合键，即可得出旧设备下各年的所得税。

（3）选中 F7:L7 区域，输入公式"=F3:L3−F4:L4−F5:L5−F6:L6"，然后按下【Ctrl+Shift+Enter】组合键，即可得出旧设备下各年的税后净利润。

（4）选中 F8:L8 区域，输入公式"=F7:L7+F5:L5"，然后按下【Ctrl+Shift+Enter】组合键，即可得出旧设备下各年的现金净流量。

（5）在 F9 单元格中输入公式"=NPV(B10,F8:L8)"，得旧设备下的净现值，如图3-18 所示。

E	F	G	H	I	J	K	L
一、旧设备							
剩余使用年限	1	2	3	4	5	6	7
年收入	200000	200000	200000	200000	200000	200000	200000
年付现成本	100000	100000	100000	100000	100000	100000	100000
年折旧额	9500	9500	9500	9500	9500	9500	9500
所得税	22625	22625	22625	22625	22625	22625	22625
税后净利润	67875	67875	67875	67875	67875	67875	67875
现金净流量	77375	77375	77375	77375	77375	77375	77375
净现值	¥376,693.91						

图3-18 旧设备下的净现值

第四步：计算购买新设备的净现值。将已知条件中的年收入、年付现成本数据复制粘贴到相应空白区域，运用 Excel 中的折旧函数 SYD 计算年数总和法下的年折旧额，运用数组公式可提高效率。

（1）选中 F16:L16 区域，输入公式"=SYD(C3,C8,C4,F13:L13)"，然后按下【Ctrl+Shift+Enter】组合键，即可得出新设备下各年的年折旧额。

（2）选中 F17:L17 区域，输入公式"=(F14:L14−F15:L15−F16:L16)*B11"，然后按下【Ctrl+Shift+Enter】组合键，即可得出新设备下各年的所得税。

（3）选中 F18:L18 区域，输入公式"=F14:L14−F15:L15−F16:L16−F17:L17"，然后按下【Ctrl+Shift+Enter】组合键，即可得出新设备下各年的税后净利润。

（4）选中 F19:L19 区域，输入公式"=F18:L18+F16:L16"，然后按下【Ctrl+Shift+Enter】组合键，即可得出新设备下各年的现金净流量。

（5）在 F20 单元格中输入公式"=NPV(B10,F19:L19)−C3"，得新设备下的净现值，如图3-19 所示。

	1	2	3	4	5	6	7
二、新设备							
剩余使用年限	1	2	3	4	5	6	7
年收入	260000	260000	260000	260000	260000	260000	260000
年付现成本	130000	130000	130000	130000	130000	130000	130000
年折旧额	35625	30535.71	25446.43	20357.14	15267.86	10178.57	5089.286
所得税	23593.75	24866.07	26138.39	27410.71	28683.04	29955.36	31227.68
税后净利润	70781.25	74598.21	78415.18	82232.14	86049.11	89866.07	93683.04
现金净流量	106406.3	105133.9	103861.6	102589.3	101317	100044.6	98772.32
净现值	¥351,791.40						

图3-19 新设备下的净现值

结论： 根据新旧设备的净现值结果，旧设备的净现值为 376693.91 元，新设备的净现值为 351791.4 元，新旧设备的净现值差额 =351791.4-376693.91+30000=5097.49（元），该差额大于 0，因此，公司应该选择更新设备。

[任务小结]

投资决策是企业财务管理的一项重要内容，同学们在学习投资管理时，需要合理运用 Excel 中的工具与方法，通过比较投资方案的各项评价指标，做出可行性分析，其中固定资产的投资分析必须考虑折旧因素，以确定最佳的投资方案。

当然，上述的操作工具只是参考，非常鼓励同学们自己多思考与操作，能够想到其他更高效的操作工具与方法。

任务三　营运资金分析与决策

◆ 学习目标 ◆

本任务主要介绍营运资金分析与决策的内容与方法，要求学生熟悉营运资金管理的具体内容与方法，掌握如何运用 Excel 提供的函数与工具对企业占用在流动资产上的资金建立决策模型，包括最佳现金持有量决策模型、应收账款决策模型以及经济订货批量决策模型等。

[任务情境]

2023 年年底，湖南瑞可可饮品股份有限公司管理层现面临三项营运资金管理决策。

（1）公司目前有四种现金持有备选方案，相关数据见表 3-15 和表 3-16。请你帮助公司管理层确定最佳现金持有量以及相关总成本。

表3-15　公司拟持有现金的备选方案

项　　目	A 方案	B 方案	C 方案	D 方案
现金持有量（元）	100000	140000	180000	200000
机会成本率（%）	12	12	12	12
管理成本（元）	10000	10000	10000	10000
短缺成本（元）	40000	20000	10000	8000

表3-16　公司现金原始资料

全年需要现金（元）	3600000
现金交易成本（元/次）	90
有价证券利率（%）	2

（2）公司拟改变赊销政策并拟定了两个不同的方案，目前方案与备选方案（甲乙方案）有关资料见表 3-17。请你帮助公司管理层进行应收账款的决策。

表3-17 目前方案与备选方案有关资料

项 目	目前方案（N/45）	甲方案（N/30）	乙方案（1/20，N/60）
年销售额（万元）	200000	280000	320000
变动成本率（%）	60	60	60
销售利润率（%）	20	20	20
应收账款机会成本率（%）	10	10	10
坏账损失率（%）	5	5	5
收账费用（万元）	20	40	36

（3）公司的某一种存货有关原始资料见表3-18。请你帮助公司管理层进行存货决策，确定经济订货批量、全年的订货次数、与存货相关的总成本、保险储备量及再订货点。

表3-18 公司存货原始资料

全年需要量（千克）	36000
每次订货成本（元/次）	100
单位材料年平均储存成本（元）	20
日平均耗用量（千克/天）	100
保险储备天数（天）	2
订货提前期（天）	10

[知识导图]

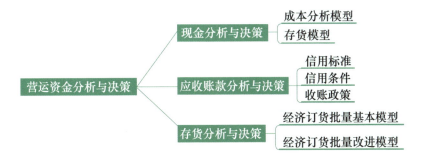

[基础知识]

企业要想解决任务情境中营运资金管理的问题，需要进行相应的流动资产分析与决策，流动资产按照管理内容的不同分别采用不同的决策模型进行分析。

一、现金分析与决策

现金是企业流动性最强的一项资产，现金过多与过少都会影响企业正常的生产运营，因此企业要保证正常的生产经营活动，就必须对现金进行管理，即确定最佳现金持有量。确定最佳现金持有量的方法主要有成本分析模型与存货模型两种。

1. 成本分析模型

成本分析模型是根据企业持有现金的机会成本、管理成本与短缺成本共同确定最佳现

金持有量的一种方法。其计算公式为

$$现金持有总成本 = 机会成本 + 管理成本 + 短缺成本$$

通过计算比较各个现金持有量方案的总成本的高低，选择其中现金持有总成本最低的方案为最佳方案。

2. 存货模型

存货模型是引用存货管理中的经济订货批量模型，将"现金"当作企业的一种特殊的"存货"，按照存货管理中的经济订货批量的原理来确定最佳现金持有量的一种方法。其计算公式为

$$现金持有总成本 = 持有机会成本 + 固定性转换成本$$

即

$$TC = (C/2) \times K + (T/C) \times F$$

式中　TC——现金持有总成本；

　　　C——现金持有量；

　　　K——机会成本率；

　　　T——一定时期内的现金需求量；

　　　F——每次出售有价证券的转换成本。

可推导出：

$$最佳现金持有量（C^*）= \sqrt{\frac{2 \times T \times F}{K}}$$

$$最佳现金持有量下总成本 = \sqrt{2 \times T \times F \times K}$$

二、应收账款分析与决策

应收账款的产生，可以扩大企业的销售量，提高竞争力，但同时也会增加管理应收账款的直接成本与间接成本，因此，企业需要对应收账款进行管理。应收账款管理的主要内容是信用政策的制定，信用政策包括信用标准、信用条件与收账政策三个方面。

1. 信用标准

信用标准是指客户获得商业信用所应该具备的最低条件。一般而言，如果企业的信用标准较高，那么只会对信誉好的且坏账损失率低的企业给予赊销。反之，赊销没有门槛，对信誉低的坏账损失率高的企业也会给予赊销，势必会增加坏账损失和机会成本。因此，企业需要根据实际情况，制定合理的信用标准。相关计算公式为

$$应收账款的机会成本 = 年销售额/360 \times 应收账款平均收账期 \times 变动成本率 \times 资本成本率$$

$$坏账损失 = 年销售额 \times 坏账损失率$$

2. 信用条件

信用条件是指企业允许赊销客户支付账款的时间，由信用期限、现金折扣和折扣期限三个要素组成。其中现金折扣的表现形式为"2/10, N/30"，其含义为：客户在10天以内付款可以享受2%的价格优惠，客户在11～30天内付款将全额付款。

3. 收账政策

收账政策是指针对客户违反信用条件，企业采取的收账策略和措施。企业如果采取比较积极的收账政策，可能会减少应收账款所占用的资金，减少坏账损失，但会增加收账费用；反之，企业如果采用比较消极的收账政策，虽然会减少收账费用，但可能会增加应收账款所占用的资金，增加坏账损失。因此，企业需要根据实际情况，制定合理的收账政策。

三、存货分析与决策

存货一般在企业流动资产中所占的比重较大，企业持有存货可以节约采购费用与生产时间，但同时也会增加相应的储存与管理费用，因此，加强存货的管理，确定经济订货批量，是企业存货管理的基本目标。确定经济订货批量的方法主要有基本模型与改进模型两种。

1. 基本模型

存货经济订货批量基本模型是以一系列严格的假设条件为前提的，这些假设条件包括：①存货总需求量是已知常数；②订货提前期是常数；③货物是一次性入库；④单位货物成本是常数，无批量折扣；⑤储存成本与库存水平呈线性关系；⑥货物是一种独立需求的物品，不受其他货物影响。

满足上述假设条件后，计算公式为

$$存货相关总成本 = 订货成本 + 储存成本$$

即

$$TC^* = (Q/2) \times K + (D/Q) \times C$$

式中　TC^*——存货相关总成本；

　　　Q——每次订货量；

　　　K——单位变动储存成本；

　　　D——存货年需要量；

　　　C——每次订货成本。

$$经济订货批量（Q^*） = \sqrt{\frac{2 \times K \times D}{C}}$$

$$经济订货批量下总成本 = \sqrt{2 \times K \times D \times C}$$

$$最佳订货次数 N = D/Q$$

2. 改进模型

存货经济订货批量改进模型是对基本模型的改进，将假设条件放宽，即设置再订货点与保险储备量，这样更接近实际情况，具有较高的可用性，计算公式为

$$再订货点 = 每天平均正常用量 \times 订货提前期 + 保险储备量$$

$$保险储备量 = （预计每天最大用量 - 每天平均正常用量）\times 订货提前期$$

[操作工具]

运用 Excel 进行营运资金分析与决策的主要工具见表 3-19。

表3-19　运用Excel进行营运资金分析与决策的主要工具

任务技能点	Excel中可以运用到的主要工具
营运资金分析与决策	数学函数：SUM（无条件求和）、SQRT（平方根）
	单元格的引用：相对引用
	填充数据：填充柄
	数组公式：【Ctrl+Shift+Enter】组合键
	局部插入
	图形的插入与格式化

[操作步骤]

下面开始以任务情境中湖南瑞可可饮品股份有限公司面临的营运资金分析与决策问题为例，运用Excel对公司现金、应收账款以及存货等流动资产进行管理。

一、现金分析与决策

1. 成本分析模型

操作步骤如下：

第一步：在Excel中制作出表3-15的数据，如图3-20所示。

现金分析与决策

	A	B	C	D	E
1	公司现金持有备选方案　　　单位：元				
2	项目	A方案	B方案	C方案	D方案
3	现金持有量（元）	100000	140000	180000	200000
4	机会成本率（%）	12	12	12	12
5	管理成本（元）	10000	10000	10000	10000
6	短缺成本（元）	40000	20000	10000	8000
7	现金持有总成本(元)				

图3-20　制作出表3-15的数据

第二步：在第5行"管理成本"上面插入一行"机会成本"，先用鼠标选中A5:E5区域，右击选择【插入】，再选择【活动单元格下移】，在新的A5单元格中输入"机会成本"。

接下来计算机会成本，利用数组公式可以提高效率，鼠标选中B5:E5区域，在编辑栏输入公式"=B3:E3*B4:E4"，然后按下【Ctrl+Shift+Enter】组合键，即可得出四种方案的机会成本，如图3-21所示。

	A	B	C	D	E
1	公司现金持有备选方案　　　单位：元				
2	项目	A方案	B方案	C方案	D方案
3	现金持有量（元）	100000	140000	180000	200000
4	机会成本率（%）	12	12	12	12
5	机会成本（元）	12000	16800	21600	24000
6	管理成本（元）	10000	10000	10000	10000
7	短缺成本（元）	40000	20000	10000	8000
8	现金持有总成本(元)				

图3-21　公司现金持有备选方案机会成本的计算

第三步：计算现金持有总成本。用鼠标选中 B5:E8 区域，选择【开始】功能区中的【自动求和】按钮，即可计算出四种方案的现金持有总成本，如图 3-22 所示。

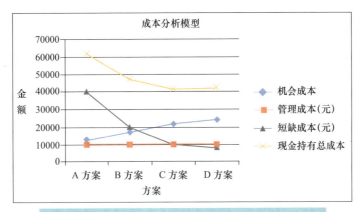

图3-22　公司现金持有备选方案现金持有总成本的计算

按住【Ctrl】键，鼠标分别选中 A2:E2 区域、A5:E8 区域，在【插入】功能区中选择【折线图】，即可绘制出四种方案各成本关系图，最后对折线图进行格式化，如图 3-23 所示。

图3-23　四种现金持有备选方案成本分析模型

结论：从图 3-22 可以看出，四种方案现金持有总成本中 A 方案的总成本为 62000 元，B 方案的总成本为 46800 元，C 方案的总成本为 41600 元，D 方案的总成本为 42000 元，因此，公司应该选择现金持有总成本最低的 C 方案，即最佳现金持有量为 180000 元。

2. 存货模型

操作步骤如下：

第一步：在 Excel 中制作出表 3-16 的数据，如图 3-24 所示。

第二步：根据存货模型的相关公式计算最佳现金持有量、一年内变现次数、交易成本、持有成本以及总成本等指标。

存货模型

（1）最佳现金持有量：根据最佳现金持有量的计算公式，可以运用数学函数 SQRT，在 B5 单元格中输入公式"=SQRT(2*B2*B3/B4)"，得出最佳现金持有量为 180000 元。

（2）一年内变现次数：在 B6 单元格中输入公式"=B2/B5"，得出一年内变现次数为 20 次。

（3）交易成本：在 B7 单元格中输入公式"=B2/B5*B3"，得出交易成本为 1800 元。

（4）持有成本：在 B8 单元格中输入公式"=B5/2*B4"，得出持有成本为 1800 元。

（5）总成本：利用自动求和功能得出现金相关总成本为 3600 元。

存货模型计算结果如图 3-25 所示。

财务大数据分析与可视化

	A	B
1	存货管理模式模型	
2	全年现金需求量T	3600000
3	证券每次交易成本b	90
4	有价证券利率i	2%
5	最佳现金持有量C*	
6	一年内变现次数T/C*	
7	交易成本	
8	持有成本	
9	总成本	

图3-24　制作出表3-16的数据

	A	B
1	存货管理模式模型	
2	全年现金需求量T	3600000
3	证券每次交易成本b	90
4	有价证券利率i	2%
5	最佳现金持有量C*	180000
6	一年内变现次数T/C*	20
7	交易成本	1800
8	持有成本	1800
9	总成本	3600

图3-25　存货模型计算结果

二、应收账款分析与决策

应收账款分析与决策

操作步骤如下：

第一步：在 Excel 中制作出表 3-17 的数据，并在下方空白区域建立分析区域，如图 3-26 所示。

	A	B	C	D
1	项目	目前方案（N/45）	甲方案（N/30）	乙方案（1/20, N/60）
2	年销售额（万元）	200000	280000	320000
3	变动成本率（%）	60	60	60
4	销售利润率（%）	20	20	20
5	应收账款机会成本率（%）	10	10	10
6	坏账损失率（%）	5	5	5
7	收账费用（万元）	20	40	36
8	分析区域			
9	年销售额			
10	变动成本			
11	边际收益			
12	信用成本：其中			
13	机会成本			
14	坏账成本			
15	收账成本			
16	现金折扣成本			
17	总成本			
18	净收益			

图3-26　制作出表3-17的数据及分析区域

第二步：分别计算出分析区域的相关数据。

（1）年销售额：将第 2 行年销售额的数据直接复制粘贴到第 9 行。

（2）变动成本：在 B10 单元格中输入公式"=B2*B3"，利用填充柄向右填充到 D10 单元格。

（3）边际收益：在 B11 单元格中输入公式"=B9-B10"，利用填充柄向右填充到 D11 单元格。

（4）机会成本：在 B13 单元格中输入公式"=B2/360*45*B3*B5"，利用填充柄向右填充到 D13 单元格，但要对 C13、D13 单元格公式中的收账期数据进行相应的修改，甲方案是 30 天，乙方案是 20 天。

（5）坏账成本：在 B14 单元格中输入公式"=B2*B6"，利用填充柄向右填充到 D14 单元格。

（6）收账成本：将第 7 行收账费用的数据直接复制粘贴到第 15 行。

（7）现金折扣成本：在 D16 单元格中输入公式"=D2*1%"。

（8）总成本：选中 B13:D16 区域，选择【开始】功能区中的【自动求和】按钮，即可

64

计算出各方案的总成本。

（9）净收益：在 B18 单元格中输入公式"=B11–B17"，利用填充柄向右填充到 D18 单元格；应收账款信用政策分析结果如图 3-27 所示。

	A	B	C	D
1	项目	目前方案（N/45）	甲方案（N/30）	乙方案（1/20, N/60）
2	年销售额（万元）	200000	280000	320000
3	变动成本率（%）	60	60	60
4	销售利润率（%）	20	20	20
5	应收账款机会成本率（%）	10	10	10
6	坏账损失率（%）	5	5	5
7	收账费用（万元）	20	40	36
8	分析区域			
9	年销售额	200000	280000	320000
10	变动成本	120000	168000	192000
11	边际收益	80000	112000	128000
12	信用成本：其中			
13	机会成本	1500	1400	1066.67
14	坏账成本	10000	14000	16000
15	收账成本	20	40	36
16	现金折扣成本			3200
17	总成本	11520	15440	20302.67
18	净收益	68480	96560	107697.33

图 3-27　应收账款信用政策分析结果

结论：从图 3-27 可以看出，目前方案下净收益为 68480 万元，甲方案的净收益为 96560 万元，乙方案的净收益为 107697.33 万元，乙方案的净收益最大，因此公司应该选择更新应收账款信用政策，在目前的基础上，一方面增加信用期 15 天，提供现金折扣，20 天以内付款可以享受 1% 的价格折扣优惠；另一方面增加收账费用 16 万元。

三、存货分析与决策

操作步骤如下：

第一步：在 Excel 中制作出表 3-18 的数据，如图 3-28 所示。

第二步：运用基本模型进行分析。

根据存货经济订货批量基本模型的相关公式计算经济订货批量、一年内订货次数、订货成本、储存成本以及总成本等指标。

（1）经济订货批量：根据经济订货批量的计算公式，可以运用数学函数 SQRT，在 B7 单元格中输入公式"=SQRT(2*B2*B3/B4)"，得出经济订货批量为 600 千克。

（2）一年的订货次数：在 B8 单元格中输入公式"=B2/B7"，得出一年内订货次数为 60 次。

（3）订货成本：在 B9 单元格中输入公式"=B2/B7*B3"，得出订货成本为 6000 元。

（4）储存成本：在 B10 单元格中输入公式"=B7/2*B4"，得出储存成本为 6000 元。

（5）总成本：利用自动求和即可得出存货相关总成本为 12000 元。

第三步：运用改进模型进行分析。

根据存货经济订货批量改进模型的相关公式计算保险储备量、再订货点等指标。

（1）保险储备量：在 B12 单元格中输入公式"=B5*2"，得出保险储备量为 200 千克。

（2）再订货点：在 B13 单元格中输入公式"=B5*B6+B12"，得出再订货点为 1200 千克。

各指标计算结果如图 3-29 所示。

	A	B
1	最佳经济订货批量模型	
2	全年需要量（千克）	36000
3	每次订货成本（元/次）	100
4	单位材料年平均储存成本（元）	20
5	日平均耗用量（千克/天）	100
6	订货提前期（天）	10
7	经济订货批量（Q*）（千克）	
8	一年的订货次数（次）	
9	订货成本（元）	
10	储存成本（元）	
11	总成本（元）	
12	保险储备量（千克）	
13	再订货点（千克）	

图3-28　制作出表3-18的数据

	A	B
1	最佳经济订货批量模型	
2	全年需要量（千克）	36000
3	每次订货成本（元/次）	100
4	单位材料年平均储存成本（元）	20
5	日平均耗用量（千克/天）	100
6	订货提前期（天）	10
7	经济订货批量（Q*）（千克）	600
8	一年的订货次数（次）	60
9	订货成本（元）	6000
10	储存成本（元）	6000
11	总成本（元）	12000
12	保险储备量（千克）	200
13	再订货点（千克）	1200

图3-29　各指标计算结果

[任务小结]

营运资金管理也是企业财务管理的一项重要内容，同学们在学习营运资金管理时，要分清管理的流动资产对象，结合不同的决策模型进行相应的分析，在 Excel 操作过程中需要合理运用比较高效的工具与方法，帮助我们提高日常的工作效率。

当然，上述的操作工具只是参考，非常鼓励同学们自己多思考与操作，能够想到其他更高效的操作工具与方法。

任务四　收入分析与决策

◆ 学习目标 ◆

本任务主要介绍收入分析与决策的内容与方法，要求学生熟悉销售预测、利润预测的内容与方法，掌握如何运用Excel提供的函数与工具进行销售预测分析、目标利润分析以及本量利分析等。

[任务情境]

湖南瑞可可饮品股份有限公司2023年某一产品的销售量资料以及利润资料分别见表3-20和表3-21。

表3-20　销售量资料　　　　　　　　　　（单位：万瓶）

月　份	1月	2月	3月	4月	5月	6月	7月	8月	9月	10月	11月	12月
销售量	1000	2600	1000	3200	3500	4100	5000	5200	6000	3000	3800	3600

表3-21 公司2023年利润资料

项　　目	实　际　值
销售单价（元）	5
销售量（万瓶）	42000
单位变动成本（元）	2
固定成本（元）	108000
利息费用（元）	50000

请你帮助公司管理层完成以下预测任务：

（1）预测2024年1月的销售量。

（2）在2023年各利润项目实际数值下，公司的息税前利润为18000万元，现在公司管理层拟将目标利润定为26000万元，请你分析该产品的销售单价、单位变动成本、销售量以及固定成本分别应该如何进行调整。

（3）如果由于原材料涨价，该公司的单位变动成本增加6%，固定成本增加5%，管理层面临两种方案：第一种方案是公司可以提高销售单价10%，但该做法将导致销售量下降10%；第二种方案是公司降低销售单价2%，该做法将导致销售量提高20%。请你说明公司应该选择哪种方案。

[知识导图]

[基础知识]

企业要想解决任务情境中的预测问题，需要进行相应的收入分析与决策，其中销售量是影响利润的一个重要因素，因此要想进行收入分析与决策，可以先从预测销售量着手。

一、销售分析与决策

销售是企业生产经营活动中的一个非常重要的环节，也是企业取得利润的必要手段。销售量的预测是指借助历史销售资料及其他有关信息，采用适当的方法，对未来一定时期产品的销售数量和销售状态及其变化趋势做出预计。一般而言，预测销售量的方法包括两种：移动平均法与指数平滑法。

1. 移动平均法

移动平均法是指根据企业若干时期的历史销售数据，计算其平均数，将计算平均数的时期不断向后推移，然后再利用最后若干期的数据进行预测的一种方法。实际工作中一般可以分别采用几个不同的期数进行预测分析，然后从中选择预测误差最小的期数作为移动期数，计算公式为

$$预测销售量（Q）= \sum 最后\ m\ 期的实际销售量 / m$$

2. 指数平滑法

指数平滑法是指根据最近时期的实际销售量和预测销售量以平滑系数 a 和阻尼系数（$1-a$）为权数计算加权平均数作为预测期销售量的一种方法。实际工作中也可以分别采用几个不同的阻尼系数进行预测分析，然后从中选择预测误差最小的阻尼系数进行预测，计算公式为

预测销售量（Q）= 最近时期的实际销售量 × 平滑系数 a + 最近时期预测销售量 ×（$1-a$）

上式中，平滑系数 a 的值大于 0 小于 1，a 在 0.3～0.7 之间比较恰当，可以使得出的预测值比较平稳，能反映出企业有关数据稳定的变化趋势。

二、利润分析与决策

利润的预测是指在销售预测的基础上，根据各种有关资料，采用适当的方法对企业未来一段时期的利润做出科学的预计和推测。利润的计算公式为

息税前利润 =（单价 – 单位变动成本）× 销售量 – 固定成本

要进行利润管理，通常情况下主要从以下几个方面进行：

（1）对影响企业利润的多个因素进行分析，包括单个因素分析与多个因素分析。

（2）对企业的利润设置一定的目标，在这一利润目标的要求下，综合分析影响利润的多个因素，求得为达到和实现这一目标利润的多个因素的具体数值。

[操作工具]

运用 Excel 进行收入分析与决策的主要工具见表 3-22。

表3-22 运用Excel进行收入分析与决策的主要工具

任务技能点	Excel 中可以运用到的主要工具
收入分析与决策	数学函数：ROUND（四舍五入）
	单元格的引用：相对引用与绝对引用
	填充数据：填充柄
	数据分析
	设置单元格格式
	单变量求解工具
	开发工具

[操作步骤]

下面开始以任务情境中湖南瑞可可饮品股份有限公司面临的利润管理问题为例，运用 Excel 对公司销售情况、利润进行预测分析。

项目三 Excel数据分析与决策

一、销售分析与决策

1. 移动平均法

操作步骤如下：

销售分析与决策

第一步：在 Excel 中制作出表 3-20 的数据，将间隔期设置为 3，如图 3-30 所示。

第二步：要采用移动平均法进行销量的预测，可以利用 Excel 中的数据分析。

（1）调用【数据分析】功能。单击【文件】功能区中的【选项】，在弹出的对话框中选择【加载项】，单击【转到】，然后在【分析工具库】前的方框中打钩，再单击【确定】按钮。

（2）打开【数据分析】。单击【数据】功能区中的【数据分析】，弹出【数据分析】对话框，选择【移动平均】，单击【确定】按钮，如图 3-31 所示。

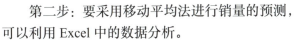

图3-30 制作出表3-20的数据

图3-31 选择移动平均

（3）设置移动平均法相应的参数。【输入区域】用鼠标选择 B3:B14，【间隔】框中输入数字"3"，这表示进行 3 期移动平均，【输出区域】用鼠标选择 C3:C14，在【图表输出】前的方框打钩，最后单击【确定】按钮，如图 3-32 所示。

图3-32 设置移动平均法相应的参数

（4）将得出的数据结果进行处理。先清除错误值，选中 C3:C4 单元格，按【Delete】键；然后将结果中的数值都设置成整数值，选中 C5:C14 单元格，鼠标右击，选择【设置单元格格式】，将数值中的小数位设置为 0，然后将结果居中显示，最后单击【确定】按钮，如图 3-33 所示。

69

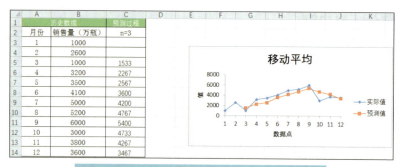

图3-33 移动平均法预测销售量的结果

结论：从图 3-33 中可以看出，采用移动平均法预测销售量的结果就显示在单元格区域 C5:C14 中，同时图形也自动显示在右边区域，其中单元格 C14 中的数值 3467 万瓶即为公司 2024 年 1 月的预测销售量。

2. 指数平滑法

操作步骤如下：

第一步：在 Excel 中制作出表 3-20 的数据，将平滑系数设置为 0.6，如图 3-34 所示。

第二步：要采用指数平滑法进行销量的预测，仍然可以利用 Excel 中的数据分析。

（1）调用【数据分析】功能。单击【文件】功能区中的【选项】，在弹出的对话框中选择【加载项】，单击【转到】，然后在【分析工具库】前的方框中打钩，再单击【确定】按钮。

图3-34 指数平滑法预测销量

（2）打开【数据分析】。单击【数据】功能区中的【数据分析】，弹出【数据分析】对话框，选择【指数平滑】，单击【确定】按钮，如图 3-35 所示。

图3-35 选择指数平滑

（3）设置指数平滑法相应的参数。【输入区域】用鼠标选择 B3:B14，【阻尼系数】框中输入数值"0.4"，因为平滑系数 a 为 0.6，【输出区域】用鼠标选择 C3:C14，在【图表输出】前的方框打钩，最后单击【确定】按钮，如图 3-36 所示。

（4）将得出的数据结果进行处理。先清除错误值，选中 C3 单元格，按【Delete】键。然后将结果中的数值都设置成整数值，选中 C4:C14 单元格，鼠标右击，选择【设置单元格格式】，将数值中的小数位设置为 0，然后将结果居中显示，最后单击【确定】按钮，效果如图 3-37 所示。

图3-36 设置指数平滑法相应的参数

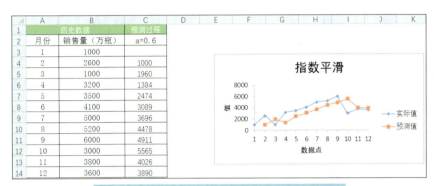

图3-37 指数平滑法预测销售量的结果

结论：从图3-37中可以看出，采用指数平滑法预测销售量的结果就显示在单元格区域 C4:C14 中，同时图形也自动显示在右边区域，其中单元格 C14 中的数值 3890 万瓶即为公司 2024 年 1 月的预测销售量。

二、利润分析与决策

1. 单因素分析

操作步骤如下：

第一步：在 Excel 中制作出表 3-21 的数据，如图 3-38 所示。

第二步：在 B6 单元格中输入公式"=(B2-B4)*B3-B5"，得出公司目前利润为 18000 万元。公司拟定的目标利润为 26000 万元，即在 C7 单元格中输入数值"26000"。

第三步：调整影响利润的四个因素（单价、单位变动成本、销售量、固定成本）。选择【数据】功能区中的【模拟分析】，然后选择【单变量求解】，弹出如图 3-39 所示对话框。

单因素分析

	A	B	C
1	利润表项目	实际值	预测值
2	销售单价（元）	5	
3	销售量（万瓶）	42000	
4	单位变动成本（元）	2	
5	固定成本（元）	108000	
6	目前利润		
7	目标利润		

图3-38 制作出表3-21的数据

图3-39 单变量求解对话框

由于有四个因素影响利润,因此可以运用四次单变量求解得出结果。目标单元格选中 B6 单元格,目标值输入"26000",可变单元格选中 B2,单击【确定】按钮,弹出单变量求解状态对话框如图 3-40 所示。最后单击【确定】按钮。

重复上述单变量求解工具的操作,目标单元格选中 B6 单元格,目标值输入"26000",需要修改可变单元格,依次为 B3、B4、B5。每做一次单变量求解,及时将预测值填入 C 列对应的单元格中。

目标利润预测结果如图 3-41 所示。

图3-40 单变量求解状态　　　　图3-41 目标利润预测结果

结论:从图 3-41 可以肯出,当利润由目前的 18000 万元提高到 26000 万元时,湖南瑞可可饮品股份有限公司可以采取以下任一项措施:①将销售单价由目前的 5 元/瓶提高到 5.19 元/瓶。②将销售量由目前的 42000 万瓶提高到 44667 万瓶。③将单位变动成本由目前的 2 元/瓶降低到 1.81 元/瓶。④将固定成本由目前的 108000 元降低到 100000 元。

企业通过目标利润预测分析,很容易找到实现目标利润的努力方向,但是在实际生产过程中,企业会通过多项措施综合实现目标利润。

2. 多因素分析

操作步骤如下:

第一步:在 Excel 中制作出表 3-21 的数据,在 B 列后面插入两列,分别命名为"变动百分比(%)"和"第一种方案",在下方空白区域录入不同方案分析区域,如图 3-42 所示。

多因素分析

第二步:在面临原材料涨价的问题时,公司提出了两种不同的方案,对于影响利润的四个要素进行综合变动,因此可以运用 Excel 中的滚动条工具模拟各因素综合变动情况。

(1)调用【开发工具】功能。单击【文件】功能区中的【选项】,在弹出的对话框中选择【自定义功能区】,在右边【主选项卡】中的【开发工具】前的方框打钩,然后单击【确定】按钮。

(2)插入【滚动条】工具。单击【开发工具】功能区中的【插入】,然后选择【表单控件】中的【滚动条(窗体控件)】,出现黑色的"+"符号,在 D3 到 D6 四个单元格中分别插入一个滚动条,如图 3-43 所示。

图3-42 制作出表3-21的数据　　　　图3-43 插入滚动条

（3）给四个滚动条设置控件格式。先将鼠标移到销售单价的滚动条上，鼠标右击，选择【设置控件格式】，弹出如图 3-44 所示对话框。选择【控制】页签，当前值输入“0”，因为公司要求各因素的变动百分比从 –25% 到 +25%，因此，最大值输入“50”。单元格链接需要选中滚动条所隐藏的 D3 单元格，然后单击【确定】按钮。重复上述操作，分别给销售量、单位变动成本、固定成本的滚动条设置控件格式，需修改相应的单元格链接，依次是 D4、D5、D6。

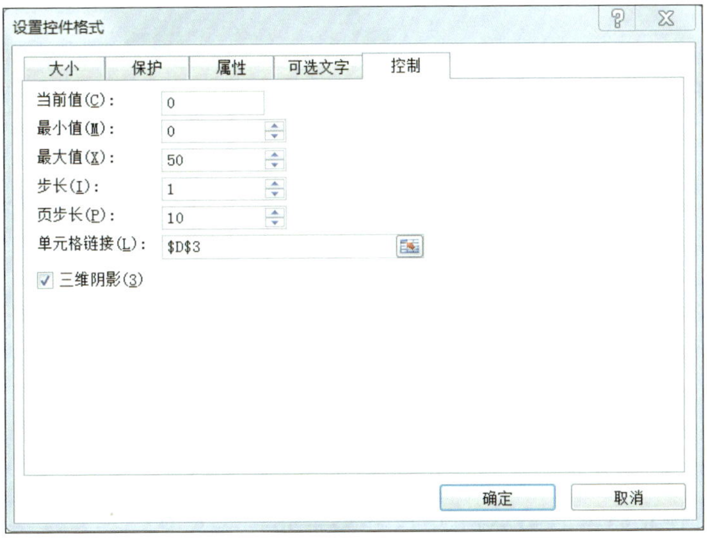

图3-44 设置控件格式对话框

第三步：录入变动百分比。在 C3 单元格中输入公式“=D3/100–25%”，然后利用填充柄向下填充到 C6 单元格中。

第四步：将 A1:D7 区域选中，复制粘贴到 A8 单元格，将 D9 单元格改为第二种方案。

第五步：录入分析区域两种方案的预测利润的公式。

在 D7 单元格中输入公式“=(B3*(1+C3)–B5*(1+C5))*B4*(1+C4)–B6*(1+C6)”。

在 D14 单元格中输入公式“=(B10*(1+C10)–B12*(1+C12))*B11*(1+C11)–B13*(1+C13)”。

第六步：按照各因素的变动百分比调整滚动条工具。两种方案下，单位变动成本与固定成本的变动百分比是相同的，因此先调整单位变动成本与固定成本，将 D5、D12 中的单位变动成本滚动条调整到 6%，将 D6、D13 中的固定成本滚动条调整到 5%。

接着开始按照第一种方案将 D2 中销售单价的滚动条调整到 10%，D3 中销售量的滚动条调整到 –10%。同理，第二种方案将 D10 中销售单价的滚动条调整到 –2%，D11 中销售量的滚动条调整到 20%。第二种方案的预测结果如图 3-45 所示。

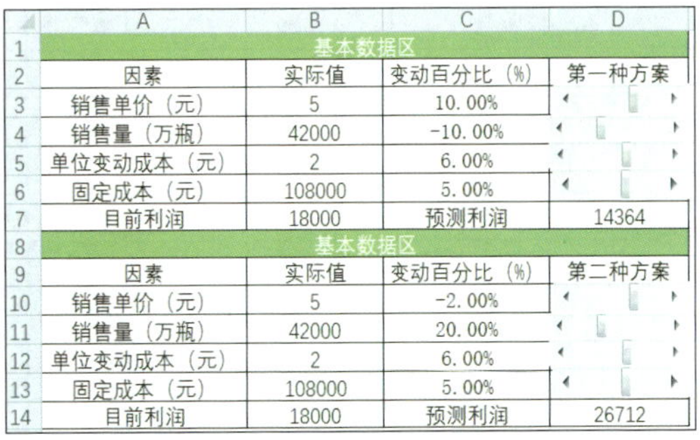

	A	B	C	D
1	基本数据区			
2	因素	实际值	变动百分比（%）	第一种方案
3	销售单价（元）	5	10.00%	
4	销售量（万瓶）	42000	-10.00%	
5	单位变动成本（元）	2	6.00%	
6	固定成本（元）	108000	5.00%	
7	目前利润	18000	预测利润	14364
8	基本数据区			
9	因素	实际值	变动百分比（%）	第二种方案
10	销售单价（元）	5	-2.00%	
11	销售量（万瓶）	42000	20.00%	
12	单位变动成本（元）	2	6.00%	
13	固定成本（元）	108000	5.00%	
14	目前利润	18000	预测利润	26712

图3-45 第二种方案的预测结果

结论：从图 3-45 可以看出，第一种方案下，预测利润低于目前利润，对公司不利；第二种方案下，预测利润高于目前利润，对公司有利。因此公司应该选择第二种方案。

[任务小结]

利润管理是企业财务管理的一项非常重要的内容,同学们在学习利润管理时,要多运用 Excel 提供的高效工具与方法,本任务中给大家介绍的数据分析、单变量求解工具、开发工具等都是非常高效的。

当然,上述的操作工具只是参考,非常鼓励同学们自己多思考与操作,能够想到其他更高效的操作工具与方法。

任务五　财务指标分析与决策

◆ 学习目标 ◆

本任务主要介绍财务指标分析与决策的内容与方法,要求学生在熟悉两大财务报表(资产负债表、利润表)的基础上,掌握如何运用 Excel 提供的函数与工具进行财务报表的比率分析与杜邦分析。

[任务情境]

湖南瑞可可饮品股份有限公司 2023 年资产负债表与利润表数据分别见表 3-23 和表 3-24。请你帮助公司领导层对 2023 年的财务状况和经营成果进行评价与分析。

表3-23　公司资产负债表

编制单位:湖南瑞可可饮品股份有限公司　2023 年 12 月 31 日　　　　　　单位:万元

资　产	年初数	期末数	负债和所有者权益	年初数	期末数
货币资金	1000	5600	短期借款	0	0
应收票据	5000	9140	应付票据	10000	30000
应收账款	58000	74000	应付账款	1000	1200
减:坏账准备	8000	9900	预收账款	100	100
应收账款净额	50000	64100	应付职工薪酬	600	700
预付账款	2500	7400	应交税金	52000	58000
其他应收款	1000	6100	应付股利	9100	10000
存货	82500	131760	其他应付款	200	300
流动资产合计	142000	224100	流动负债合计	73000	100300
长期投资	0	0	长期借款	80000	80000
固定资产原值	650000	712000	应付债券	10000	10000
减:累计折旧	580000	640000	长期应付款	0	0
固定资产净值	70000	72000	长期负债合计	90000	90000
在建工程	70000	70000	负债合计	163000	190300
无形及其他资产	0	0	股本	70000	86000
递延所得税资产	0	0	资本公积	24000	48000
非流动资产合计	140000	142000	盈余公积	1000	6400
			未分配利润	24000	35400
			所有者权益合计	119000	175800
资产总计	282000	366100	负债及所有者权益合计	282000	366100

表3-24 公司利润表　　　　　　　　　　　　　单位：万元

项　目	上　年　数	本年累计数
一、营业收入	200000	280000
减：营业成本	100000	150000
税金及附加	5100	7000
销售费用	8600	9320
管理费用	20500	27020
财务费用	650	800
加：投资收益	4800	17625
二、营业利润	69950	103485
加：营业外收入	25950	25709
减：营业外支出	63900	81994
三、利润总额	32000	47200
减：所得税	8000	11800
四、净利润	24000	35400

[知识导图]

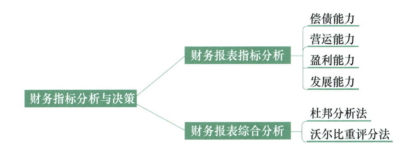

[基础知识]

公司要想解决任务情境中的问题，需要对两大财务报表进行评价与分析。财务报表分析是以财务报表的相关资料为主要依据，运用一定的方法和手段，揭示财务相关指标之间的相互联系、变动情况以及形成的原因。通常财务报表分析包括财务指标分析与综合分析。

一、财务报表指标分析

财务报表指标分析一般可以从企业的偿债能力、营运能力、盈利能力以及发展能力等四个方面进行。这四个能力包括的常见相关指标及计算公式见表3-25。

表3-25 财务指标分析计算公式

项目	指标名称	计算公式	备注
偿债能力	流动比率	流动资产÷流动负债×100%	
	速动比率	速动资产÷流动负债×100%	速动资产是流动资产减去存货、预付账款、待摊费用
	资产负债率	负债总额÷资产总额×100%	
	产权比率	负债总额÷所有者权益总额×100%	
	利息保障倍数	息税前利润÷利息费用	
营运能力	应收账款周转率	营业收入÷平均应收账款余额	
	存货周转率	营业成本÷平均存货余额	
	流动资产周转率	营业收入÷平均流动资产余额	
	固定资产周转率	营业收入÷平均固定资产净值	
	总资产周转率	营业收入÷平均资产总额	
盈利能力	营业利润率	营业利润÷营业收入×100%	
	销售毛利率	（销售收入－销售成本）÷销售收入×100%	
	销售净利率	净利润÷销售收入×100%	
	成本费用利润率	利润总额÷成本费用总额×100%	成本费用总额是营业成本、税金及附加、期间费用之和
	总资产净利率	净利润÷平均资产总额×100%	
	净资产收益率	净利润÷平均净资产×100%	
	市盈率	每股市价÷每股收益	
	每股净资产	年末股东权益÷年末普通股股数	
	每股收益	（净利润－优先股股利）÷年末普通股股数	
发展能力	营业收入增长率	本年营业收入增长额÷上年营业收入×100%	
	资本保值增值率	期末所有者权益÷期初所有者权益×100%	
	资本积累率	本年所有者权益增长额÷期初所有者权益×100%	
	总资产增长率	本年总资产增长额÷年初资产总额×100%	
	营业利润增长率	本年营业利润增长额÷上年营业利润×100%	

二、财务报表综合分析

财务报表综合分析是指将企业的偿债能力、营运能力、盈利能力等分析作为一个整体，系统、全面、综合地对企业财务与经营状况进行分析。财务报表综合分析常用的方法是杜邦分析法与沃尔比重评分法。

1. 杜邦分析法

杜邦分析法是指利用各项财务指标之间的内在联系，对企业综合财务与经营效益进行系统分析与评价的一种方法。该方法以净资产收益率为核心，通过指标的分解来揭示企业

盈利能力及其变动原因。计算公式为

$$净资产收益率 = 总资产净利率 \times 权益乘数$$
$$= 销售净利率 \times 总资产周转率 \times 权益乘数$$
$$销售净利率 = 净利润 \div 销售收入$$
$$总资产周转率 = 营业收入 \div 平均资产总额$$
$$权益乘数 = 资产总额 \div 所有者权益总额 = 1 \div (1 - 资产负债率)$$

2. 沃尔比重评分法

沃尔比重评分法是指把企业相关财务比率用线性关系结合起来，按不同财务比率对企业影响的大小，分别给定各自的分数比重，然后通过与标准比率进行比较，确定各项指标的得分及总体指标的累计分数，从而对企业的财务状况进行综合评价的一种方法。通常认为，企业财务评价的内容首先是企业的盈利能力，其次是偿债能力、发展能力，这三种能力可以大致按照 5:3:2 的比例进行分配。其中盈利能力的主要指标是总资产报酬率、销售净利率和净资产收益率，这三个指标可以按照 2:2:1 的比例进行分配。

[操作工具]

运用 Excel 进行财务指标分析与决策的主要工具见表 3-26。

表3-26　运用Excel进行财务指标分析与决策的主要工具

任务技能点	Excel 中可以运用到的主要工具
财务指标分析与决策	数学函数：SUM（无条件求和）、ROUND（四舍五入）
	单元格的引用：相对引用与绝对引用
	填充数据：填充柄
	图形插入与格式化

[操作步骤]

下面开始以任务情境中湖南瑞可可饮品股份有限公司面临的财务指标分析与决策问题为例，运用 Excel 对公司的资产负债表与利润表进行指标分析与综合分析。

财务报表指标分析

一、财务报表指标分析

操作步骤如下：

第一步：在 Excel 中制作出表 3-23 和表 3-24 的数据，如图 3-46 和图 3-47 所示。

第二步：在资产负债表右边空白区域建立偿债能力指标模型、营运能力指标模型、盈利能力指标模型以及发展能力指标模型区域，每个模型中选择的是有代表性的常用财务指标，如图 3-48 所示。

资产负债表

编制单位：湖南瑞可可饮品股份有限公司　2023/12/31　金额单位：万元

资产	年初数	期末数	负债和所有者权益	年初数	期末数
货币资金	1000	5600	短期借款	0	0
应收票据	5000	9140	应付票据	10000	30000
应收账款	58000	74000	应付账款	1000	1200
减：坏账准备	8000	9900	预收账款	100	100
应收账款净额	50000	64100	应付职工薪酬	600	700
预付账款	2500	7400	应交税金	52000	58000
其他应收款	1000	6100	应付股利	9100	10000
存货	82500	131760	其他应付款	200	300
流动资产合计	142000	224500	流动负债合计	73000	100300
长期投资	0	0	长期借款	80000	80000
固定资产原值	650000	712000	应付债券	10000	10000
减：累计折旧	580000	640000	长期应付款	0	0
固定资产净值	70000	72000	长期负债合计	90000	90000
在建工程	70000	70000	负债合计	163000	190300
无形及其他资产	0	0	股本	70000	86000
递延所得税资产	0	0	资本公积	24000	48000
非流动资产合计	140000	142000	盈余公积	1000	6400
			未分配利润	24000	35400
			所有者权益合计	119000	175800
资产总计	282000	366100	负债及所有者权益合计	282000	366100

图3-46　制作出表3-23的数据

利润表

2023年12月　　单位：万元

项目	上年数	本年累计数
一、营业收入	200000	280000
减：营业成本	100000	150000
税金及附加	5100	7000
销售费用	8600	9320
管理费用	20500	27020
财务费用	650	800
加：投资收益	4800	17625
二、营业利润	69950	103485
加：营业外收入	25950	25709
减：营业外支出	63900	81994
三、利润总额	32000	47200
减：所得税	8000	11800
四、净利润	24000	35400

图3-47　制作出表3-24的数据

财务比率名称	年初计算结果	年末计算结果	财务比率名称	年初计算结果	年末计算结果
流动比率			营业利润率		
速动比率			销售净利率		
资产负债率			成本费用利润率		
产权比率			总资产净利率		
利息保障倍数					

财务比率名称	年初计算结果	年末计算结果	财务比率名称	年初计算结果	年末计算结果
应收账款周转率			营业收入增长率		
存货周转率			资本保值增值率		
流动资产周转率			资本积累率		
固定资产周转率			总资产增长率		
总资产周转率			营业利润增长率		

图3-48　财务报表指标模型

第三步：计算各项财务指标。

（1）偿债能力指标计算及分析。

在 I2 单元格中输入公式"=ROUND(B12/E12,2)"，得出公司年初的流动比率为 1.95，利用填充柄向右填充到 J2 单元格，得出公司年末的流动比率为 2.23。国际上公认的流动比率等于 2 时较为合适，公司年末的流动比率比年初要高且超过一般公认标准，反映出公司 2023 年短期偿债能力增强。

在 I3 单元格中输入公式"=ROUND((B12−B11−B9)/E12,2)"得出公司年初的速动比率为 0.78，利用填充柄向右填充到 J3 单元格，得出公司年末的速动比率为 0.85。通常传统经验认为速动比率维持在 1 比较正常，公司年末的速动比率虽然超过年初值，但是还没达到正常值，还需要改进。

在 I4 单元格中输入公式"=ROUND(E17/B23*100%,2)"，得出公司年初的资产负债率为 58%，利用填充柄向右填充到 J4 单元格，得出公司年末的资产负债率为 52%，一般资产负债率为 60% 是比较合适的，公司年末的资产负债率低于年初，但都接近 60%，表明公司长期偿债能力较好。

在 I5 单元格中输入公式"=ROUND(E17/E22*100%,2)"，得出公司年初的产权比率为 137%，利用填充柄向右填充到 J5 单元格，得出公司年末的产权比率为 108%，产权比率一般为 100% 比较合适，公司年末的产权比率低于年初，且接近 1，表明公司长期偿债能力较强，债权人的权益保障程度较高。

在 I6 单元格中输入公式"=ROUND((B39+B34)/B34,2)"，得出公司年初的利息保障倍数为 50.23，利用填充柄向右填充到 J6 单元格，得出公司年末的利息保障倍数为 60，表明公司的利息支付能力增强。

（2）营运能力指标计算及分析。

在 I10 单元格中输入公式"=ROUND(B29/(($B$8+$C$8)/2),2)"，得出公司年初的应收账款周转率为 3.51，利用填充柄向右填充到 J10 单元格，得出公司年末的应收账款周转率为 4.91，虽然年末值高于年初值，但一般应收账款的社会平均值为 7.8 以上较为合适，表明公司的营运能力还需要加强。

在 I11 单元格中输入公式"=ROUND(B30/(($B$11+$C$11)/2),2)"，得出公司年初的存货周转率为 0.93，利用填充柄向右填充到 J11 单元格，得出公司年末的存货周转率为 1.40，年末值高于年初值，表明公司的存货管理效率有所改善。

在 I12 单元格中输入公式"=ROUND(B29/(($B$12+$C$12)/2),2)"，得出公司年初的流动资产周转率为 1.09，利用填充柄向右填充到 J12 单元格，得出公司年末的流动资产周转率为 1.53，年末值高于年初值，表明公司的流动资产管理效率有所改善。

在 I13 单元格中输入公式"=ROUND(B29/(($B$16+$C$16)/2),2)"，得出公司年初的固定资产周转率为 2.82，利用填充柄向右填充到 J13 单元格，得出公司年末的固定资产周转率为 3.94，年末值高于年初值，表明公司的固定资产管理效率有所增强。

在 I14 单元格中输入公式"=ROUND(B29/(($B$23+$C$23)/2),2)"，得出公司年初的总资产周转率为 0.62，利用填充柄向右填充到 J14 单元格，得出公司年末的总资产周转率为 0.86，年末值高于年初值，表明公司的销售能力增强，资产投资的效益变好。

（3）盈利能力指标计算及分析。

在 M2 单元格中输入公式"=ROUND(B36/B29*100%,2)"，得出公司年初的营业利润率为 35.00%，利用填充柄向右填充到 N2 单元格，得出公司年末的营业利润率为 37.00%，表明公司的市场竞争力增强，发展潜力增大，盈利能力增强。

在 M3 单元格中输入公式"=ROUND(B41/B29*100%,2)"，得出公司年初的销售净利率为 12.00%，利用填充柄向右填充到 N3 单元格，得出公司年末的销售净利率为 13.00%，表明公司的盈利能力增强。

在 M4 单元格中输入公式"=ROUND(B39/SUM(B30:B34)*100%,2)"，得出公司年初的成本费用利润率为 24.00%，利用填充柄向右填充到 N4 单元格，得出公司年末的成本费用利润率也为 24.00%，年末年初没有变化，表明公司的成本费用控制得较好，盈利能力稳定。

在 M5 单元格中输入公式"=ROUND(B41/(($B$23+$C$23)/2)*100%,2)"，得出公司年初的总资产净利率为 7.00%，利用填充柄向右填充到 N5 单元格，得出公司年末的总资产净利率为 11.00%，表明公司的资产利用效率提高，盈利能力增强。

（4）发展能力指标计算及分析。

由于此处缺少 2021 年的历史数据，因此年初的指标此处不进行计算。

在 N10 单元格中输入公式"=ROUND((C29–B29)/B29*100%,2)"，得出公司年末的营业收入增长率为 40.00%，表明公司的营业收入增长速度比较快。

在 N11 单元格中输入公式"=ROUND(F22/E22*100%,2)",得出公司年末的资本保值增值率为 148.00%,大于 100%,表明公司的资本保全状况非常好。

在 N12 单元格中输入公式"=ROUND((F22−E22)/E22*100%,2)",得出公司年末的资本积累率为 48.00%,表明公司的资本积累较多,能够应对风险,且持续发展的能力较强。

在 N13 单元格中输入公式"=ROUND((C23−B23)/B23*100%,2)",得出公司年末的总资产增长率为 30.00%,表明公司的资产经营规模扩张的速度较快。

在 N14 单元格中输入公式"=ROUND((C36−B36)/B36*100%,2)",得出公司年末的营业利润增长率为 48.00%,表明公司的营业利润增长速度比较快,接近 50%。

各指标计算结果如图 3-49 所示。

财务比率名称	年初计算结果	年末计算结果		财务比率名称	年初计算结果	年末计算结果
流动比率	1.95	2.23		营业利润率	35.00%	37.00%
速动比率	0.78	0.85		销售净利率	12.00%	13.00%
资产负债率	58%	52%		成本费用利润率	24.00%	24.00%
产权比率	137%	108%		总资产净利率	7.00%	11.00%
利息保障倍数	50.23	60				
财务比率名称	年初计算结果	年末计算结果		财务比率名称	年初计算结果	年末计算结果
应收账款周转率	3.51	4.91		营业收入增长率	-	40.00%
存货周转率	0.93	1.40		资本保值增值率	-	148.00%
流动资产周转率	1.09	1.53		资本积累率	-	48.00%
固定资产周转率	2.82	3.94		总资产增长率	-	30.00%
总资产周转率	0.62	0.86		营业利润增长率	-	48.00%

图3-49 各指标计算结果

总资产结构图与趋势图的制作

思考题

请为了更加直观地反映公司的总资产结构,请同学们绘制出如图3-50和图3-51所示的公司总资产的结构图与趋势图。

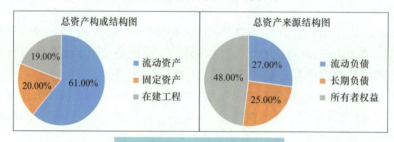

图3-50 总资产结构图

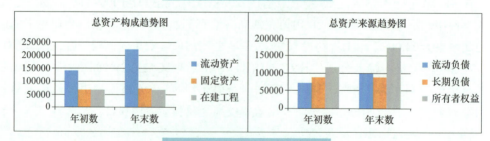

图3-51 总资产趋势图

二、财务报表综合分析

1. 杜邦分析法

操作步骤如下：

第一步：在上述财务指标模型计算结果的下方空白区域 H17:J23 制作杜邦分析法分析区域，如图 3-52 所示。

图 3-52　制作杜邦分析法分析区域

第二步：计算杜邦分析法中的各项财务指标。

多项财务指标在之前已经计算出结果，只需要将对应的结果复制粘贴过来即可。

在 I18 单元格中输入公式"=ROUND(I19*I21,2)"，得出公司年初的净资产收益率为 17.00%，利用填充柄向右填充到 J18 单元格，得出公司年末的净资产收益率为 23.00%。

在 I19 单元格中输入公式"=ROUND(1/(1−I4),2)"，得出公司年初的权益乘数为 2.38，利用填充柄向右填充到 J19 单元格，得出公司年末的权益乘数为 2.08。

各指标计算结果如图 3-53 所示。

图 3-53　各指标计算结果

（1）对净资产收益率的分析。

公司的净资产收益率 2023 年年末比年初出现了一定程度的提升，从 17.00% 增加至 23.00%。

通过分解可以明显地看出，公司净资产收益率的变动在于资本结构即权益乘数变动与资产利用效果即总资产净利率变动两个因素共同作用的结果。

（2）对总资产净利率的分析。

公司的总资产净利率 2023 年年末比年初要高，从 7.00% 提高到 11.00%。

通过分解可以看出是公司的总资产周转率与销售净利率两个因素共同提高导致的，总资产周转率从 0.62 提高到 0.86，销售净利率从 12.00% 提高到 13.00%，其中总资产周转率的提高幅度较大，说明资产的利用得到了比较好的控制，公司利用总资产产生的销售收入的效率在增加。

（3）对权益乘数的分析。

公司的权益乘数 2023 年年末比年初下降了，从 2.38 下降到 2.08。

通过分解可以看出权益乘数下降是由于公司的资产负债率下降导致的,资产负债率从58%下降到52%,说明公司的负债程度在降低,偿还债务的能力在增强,财务风险程度在降低。

结论: 对于湖南瑞可可饮品股份有限公司来说,公司目前的净资产收益率是在市场正常水平的(15%～39%),且有稳步增长的势头,接下来公司要继续优化资本结构,多采取措施降低公司的各项成本,保持较高的销售净利率以及总资产净利率。

2. 沃尔比重评分法

操作步骤如下:

第一步:在杜邦分析法右边空白区域 L17:Q26 制作沃尔比重评分法分析区域,如图 3-54 所示。

财务比率名称	比重	标准值	实际值	相对比率	评分
流动比率					
速动比率					
资产负债率					
流动资产周转率					
总资产周转率					
销售净利率					
净资产收益率					
总资产净利率					
合计					

图3-54 制作沃尔比重评分法分析区域

第二步:设置比重,录入标准值与实际值。

(1)按照沃尔比重评分法的基本原理,根据公司情况,选择公司认为比较重要的财务比率,赋予其相应的比重值,在 M18:M25 区域中设置比重,我们将资产负债率的比重设为 20%,净资产收益率与总资产净利率的比重设为 15%,其他财务比率设为 10%,然后进行自动求和。

(2)录入标准值。按照一般公认的标准,将各项财务比率的标准值录入 N18:N25 区域。

(3)录入实际值。结合财务指标计算结果,将各项财务比率的实际计算结果录入 O18:O25 区域,如图 3-55 所示。

财务比率名称	比重	标准值	实际值	相对比率	评分
流动比率	10%	2	2.23		
速动比率	10%	1	0.85		
资产负债率	20%	60%	52%		
流动资产周转率	10%	1.5	1.53		
总资产周转率	10%	0.5	0.86		
销售净利率	10%	35%	13.00%		
净资产收益率	15%	25%	23.00%		
总资产净利率	15%	15%	11.00%		
合计	100%				

图3-55 设置比重,录入标准值和实际值

第三步:计算相对比率。在 P18 单元格中输入公式"=ROUND(O18/N18,2)",然后利用填充柄向下填充到 P25 单元格中,即可得出相对比率值。

第四步:计算评分。在 Q18 单元格中输入公式"=ROUND(M18*P18*100,2)",然后利用填充柄向下填充到 Q25 单元格中,即可得出各项财务比率的分数,最后进行自动求和,得出公司的总分数为 92.95 分，如图 3-56 所示。

财务比率名称	比重	标准值	实际值	相对比率	评分
流动比率	10%	2	2.23	1.12	11.2
速动比率	10%	1	0.85	0.85	8.5
资产负债率	20%	60%	52%	0.87	17.4
流动资产周转率	10%	1.5	1.53	1.02	10.2
总资产周转率	10%	0.5	0.86	1.72	17.2
销售净利率	10%	35%	13.00%	0.37	3.7
净资产收益率	15%	25%	23.00%	0.92	13.8
总资产净利率	15%	15%	11.00%	0.73	10.95
合计	100%				92.95

图3-56 评分计算结果

结论： 通过图 3-56 可以看出公司的整体财务状况的沃尔评分为 92.95 分，说明公司的整体财务状况是比较不错的。

[任务小结]

对企业的财务报表进行分析，可以深入了解企业的经济资源及其财务状况与经营成果，同学们在学习利润分析与决策时，要多运用 Excel 提供的高效工具与方法，综合利用各种财务分析指标进行系统分析。当然，上述的操作工具只是参考，非常鼓励同学们自己多思考与操作，能够想到其他更高效的操作工具与方法。

[赛证导航]

业财税融合暨大数据管理会计应用能力竞赛技能要求

项目	任务	学习任务	比赛岗位	比赛技能要求
项目三 Excel 数据分析与决策	任务一 筹资分析与决策	1.1 预测资金的需用量 1.2 计算筹资方式的资本成本 1.3 测算杠杆效应	投融资管理	能利用销售收入百分比法、高低点法、线性回归法等各类方法对资金缺口进行预测 能准确测算各种筹资方式的资本成本
	任务二 投资分析与决策	2.1 选择投资决策的方法与计算指标 2.2 进行投资方案的可行性分析 2.4 固定资产更新决策	投融资管理	能运用贴现金流法进行投资决策分析 能进行固定资产更新决策
	任务三 营运资金分析与决策	3.1 现金分析与决策 3.2 应收账款分析与决策 3.3 存货分析与决策	营运管理	能运用各种方法进行现金、应收账款以及存货管理
	任务四 收入分析与决策	4.1 销售分析与决策 4.2 利润分析与决策	绩效管理	能运用各种方法进行销量预测，价格测算，预测企业下一年的销量，制定考核价，制订年度营销计划 能运用本量利分析、敏感性分析、边际分析等进行经营决策分析
	任务五 财务指标分析与决策	5.1 财务报表指标分析 5.2 财务报表综合分析	财务主管	能准确计算偿债能力指标、营运能力指标、获利能力指标、发展能力指标和综合指标分析

1+X证书职业技能等级标准

项　　目	任　　务	学习任务	证书（等级）	工作领域	工作任务
项目三 Excel数据分析与决策	任务一 筹资分析与决策	1.1 预测资金的需用量 1.2 计算筹资方式的资本成本 1.3 测算杠杆效应	业财税融合大数据投融资分析职业技能等级证书（初级）	3. 融资数据测算	3.1 资金需要量测算 3.2 资金成本测算 3.3 杠杆系数测算
	任务二 投资分析与决策	2.1 选择投资决策的方法与计算指标 2.2 进行投资方案的可行性分析 2.4 固定资产更新决策		2. 投资数据测算	2.2 主要投资指标测算 2.3 其他投资指标测算

职业技能等级要求

2.2　主要投资指标测算
2.2.1　能合理运用税收政策，正确测算股权资本成本和税后债务资本成本
2.2.2　能根据企业或项目投资，运用一般模式测算资本成本或运用加权资本成本法测算项目资本成本
2.2.3　能根据投资项目现金流量和资本成本，正确计算投资净现值
2.2.4　能根据经营期各年净现金流量现值与建设期原始投资现值，正确计算净现值率
2.2.5　能根据查表法、试算法和内插法，正确计算投资项目内部收益率
2.3　其他投资指标测算
2.3.1　能根据累计净现金流量，正确计算静态投资回收期
2.3.2　能根据累计净现金流量，正确计算企业或项目动态投资回收期
2.3.3　能根据年均息税前利润和项目总投资额，正确计算总投资收益率
3.1　资金需要量测算
3.1.4　能根据销售量和收入数据，正确运用销售百分比法、高低点法、回归直线法测算总资金需要量
3.1.5　能根据需增加的资金和企业内部可筹集资金，准确测算外部资金需要量
3.2　资金成本测算
3.2.2　能根据采集的贷款基准利率，准确计算银行借款资金成本
3.2.3　能根据采集的债券利率，准确计算债券成本
3.2.4　能根据采集的国债利率、市场利率、债券利率和沪深50股票收益率，准确计算企业发行普通股和优先股成本
3.3　杠杆系数测算
3.3.3　能利用企业内部数据计算息税前利润变动率和产销量变动率，正确计算经营杠杆系数
3.3.4　能利用企业内部数据采集的普通股每股利润变动率和息税前利润变动率，正确计算财务杠杆系数
3.3.5　能根据经营杠杆和财务杠杆系数，正确计算总杠杆系数

 技能操作练习题

1. 海诺公司资产负债表见表3-27，公司2023年销售收入为10000万元，销售增长率为25%，销售净利率为10%，股利分配率为70%，另外公司还需新增一台设备，价值98000元，还有零星开支20000元。要求：采用销售百分比法预测2024年的资金需求量。

表3-27　资产负债表

2022年12月31日　　　　　　　　　　　　　　单位：万元

资　　产	期末余额	负债及所有者权益	期末余额
货币资金	1000	应付账款	1000
应收账款	3000	应付票据	2000
存货	6000	长期借款	9000
固定资产	7000	实收资本	4000
无形资产	1000	留存收益	2000
资产合计	18000	负债及所有者权益合计	18000

2. 海泉公司现有资金结构见表3-28，公司为拓展新领域，准备追加筹资1000万元，有两种备选方案，见表3-29，要求利用比较资本成本法做出最优决策。

表3-28　公司资金结构表

资 金 种 类	金额（万元）	资本成本（%）
长期借款	1000	4
长期债券	3000	5
优先股	1500	12
普通股	2500	10
合计	8000	

表3-29　公司筹资备选方案表

筹 资 方 式	方案1		方案2	
	金额（万元）	资本成本（%）	金额（万元）	资本成本（%）
长期借款	300	4		
长期债券			400	7
优先股	400	10		
普通股	300	13	600	3
合计	1000		1000	

3. 海星公司现有甲乙两个投资额不同的投资项目，甲项目需要投资100000元，乙项目需要投资80000元，公司的资本成本率为10%，甲乙项目经营期各年的现金净流量资料见表3-30。要求：分别计算甲乙项目的净现值、内含报酬率、投资回收期，并帮助公司选择项目。

表3-30　甲乙项目经营期各年的现金净流量资料　　　　（单位：元）

投资项目	第1年	第2年	第3年	第4年
甲项目	30000	50000	45000	60000
乙项目	18000	45000	38000	26000

4. 海苔公司准备用一台新设备代替旧设备，新旧设备的数据见表3-31，所得税税率为25%，资本成本率为10%，请采用净现值为该公司做出更新决策。

表3-31　新旧设备数据表

项　　目	旧　设　备	新　设　备
原值（万元）	80000	100000
预计使用年限（年）	10	5
已使用年限（年）	5	0
年销售收入（万元）	60000	120000
年付现成本（万元）	20000	40000
残值（万元）	0	15000
目前变现价值（万元）	20000	100000
折旧方法	直线法	双倍余额递减法

5. 海湘公司现有的现金相关资料见表3-32，请计算出公司最佳现金持有量、交易成本、持有成本与总成本（结果保留2位小数）。

表3-32　公司现金相关资料

全年现金需求量（元）	200000
证券每次交易成本（元/次）	80
有价证券利率（%）	3

6. 海成公司生产服装，已知服装的单价为100元，单位变动成本为60元，每年固定成本为20000元，产销量为10000件，所得税税率为25%。

（1）求目前的息税前利润和税后利润。

（2）如果公司将目标利润定为400000元，请采用单变量求解法求出单价、单位变动成本、产销量、固定成本分别变动情况。

（3）公司每年产生的利息费用为60000元，求出公司的各种杠杆系数（结果保留2位小数）。

7. 某企业生产销售甲产品，其单价为10元，边际贡献率为30%，预计销售量为2000件，该企业固定成本总额为4000元。

计算：

（1）甲产品的盈亏临界点销售量，向上取整。

（2）该企业的预计息税前利润。

（3）建立各因素变动百分比分析模型，各因素变动从 –10% 到 10%。

（4）假设固定成本增加3%，单位变动成本增加4%。那么单价上升10%，销售量下降5%和单价下降2%，销售量上升10%，哪种措施对企业更有利。

8. 选择一家自己感兴趣的上市公司，去相关财经网站下载该公司的财务报表，通过上市公司财务报表分析，判断出该上市公司的财务状况是否良好公司的经营管理是否健全。

模块二 数据可视化：从Excel到Power BI

引 言

面对时代的变革和技术的更新，企业财务人员应加强自我学习，不断丰富和拓展自身业务相关的知识和技能，学习使用专业的数据分析工具进行有效的数据分析，以更好地胜任企业财会岗位，也为建设数字中国贡献出自己的一份力。

企业财会人员还应树立终身学习的理念，提高自身的核心竞争力，快速掌握与大数据时代相契合的新技能，并将这种新技能应用于工作实践中。

Power BI能基于云进行业务分析和智能服务，可以说该工具是商业智能和数据可视化工具的集合。Power BI和Excel都是基于一样的数据引擎进行构建的，以前用户使用Excel进行图表制作、数据统计分析，现在都可以非常平滑地过渡到Power BI。

Power BI与Excel对比分析图如下。

从图中可以看出，实际上，Power BI是由Excel衍生而来的，由于它可以从数据库文件、普通数据文件、网页、云服务等进行数据访问，因此它可以连接、转化和分析更多海量的数据，通过建立关系数据模型，整合多个数据源，做到自动化更新数据，因此相较于Excel有着更为强大的功能。

项目四
Power BI可视化基本应用

学习内容

本项目主要介绍 Power BI 可视化基本应用。通过学习本项目，学生可以了解大数据时代企业大量的真实数据，能够熟练运用 Power BI 进行数据分析与可视化，具备一定的数据分析思维能力。

◎ 项目典型工作任务

- 数据导入
- 数据清洗
- 数据建模
- 数据度量
- 数据可视化

任务一　数据导入

◆ **学习目标** ◆

本任务主要介绍运用 Power BI 进行数据导入的方法，要求学生在明确数据定义的基础上，初步形成数据分析的思维，掌握如何运用 Power BI 进行数据导入。

[任务情境]

湖南瑞可可饮品股份有限公司是一家上市公司，目前的经营门店有很多家，遍及湖南省各市县。2023 年年底，公司销售部王经理收到了公司的一个数据包，里面有很多数据，包括销售数据表、公司股票数据、年龄阶层表、产品信息表、客户信息表、销售词频等，由于各数据的数据格式不同，既有 Excel 工作簿，又有 PDF 文件和文件夹，并且数据量很大，无法采用 Excel 软件进行处理，请你运用 Power BI 帮助王经理获取数据。

> **注意**：由于数据表格较多，此处不一一画图展示，实操的数据见演示案例资料包。

项目四 Power BI可视化基本应用

[知识导图]

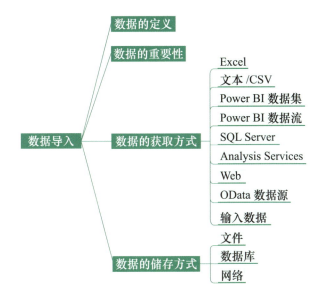

[基础知识]

要想解决任务情境中的问题,首先要了解什么是数据,其次要思考清楚数据分析对企业的重要性,最后要掌握获取不同存储方式下数据的方法。

首先,数据是指事实或观察的结果,是对客观事物的逻辑归纳,是用于表示客观事物的未经加工的原始素材。数据是信息的表达,信息是数据的内涵。数据本身是没有意义的,数据只有对实体行为产生影响时才成为信息。

其次,在一家企业中,每个职能部门每天都会产生大量的数据,根据这些数据就可以按照企业事先制定的制度去分析和考核每个职能部门是否完成相应的任务,进而展开有效行动推动企业的创新与发展。所以,数据分析在一个企业中起着至关重要的作用。

最后,企业日常工作中产生的数据纷繁复杂,且都需要进行存储,目前数据的存储方式主要有三种:文件、数据库、网络。具体的存储方式特点见表4-1。

表4-1 数据存储方式的特点

数据存储方式	特　　点
文件	使用频率高、方便、可自定义格式
数据库	对于海量数据处理效率高、可跨平台使用
网络	可以实时传输

[操作工具]

湖南瑞可可饮品股份有限公司的案例中存在多种数据源格式,因此要获取数据将要运用Power BI,目前Power BI可以获取的几种常见数据源见表4-2所示。

表4-2　可以获取的几种常见数据源

任务技能点	Power BI中可以运用到的主要工具	
	数据源类型	数据源名称
获取数据源	文件	Excel
		文本/CSV
	平台	Power BI数据集
		Power BI数据流
	数据库	SQL Server
		Analysis Services
	其他	Web
		OData 数据源
		输入数据

[操作步骤]

下面开始以任务情境中湖南瑞可可饮品股份有限公司销售部王经理面临的问题为例，运用 Power BI 获取公司不同的数据源。

操作步骤如下：

第一步：双击 Power BI Desktop 图标，进入主界面，熟悉各区域功能，效果如图 4-1 所示。

数据导入

图4-1　Power BI Desktop主界面

说明：Power BI 主界面的上方是控制面板，左侧有三种视图模式——【报表】【数据】【关系】，中间的空白区域是空白画布，右侧分别是【筛选器】【可视化】以及【字段】的操作区域，其中【可视化】区域提供了多种常用的图表样式，如柱形图、折线图、饼图等，与 Excel 相比，制图的功能更加强大，且效率大幅度提升。

第二步：单击主界面上方的【主页】功能区，单击【转换数据】下拉列表，如图 4-2 所示。

项目四　Power BI可视化基本应用

图4-2　转换数据

第三步：选择下拉列表中的【转换数据】，进入"Power Query 编辑器"（查询编辑器）的界面，如图4-3所示。

图4-3　Power Query编辑器界面

> **注意**：Power BI支持多种数据源格式，包括Excel、数据库、网页等，因此在导入数据时，需要根据本地数据源的具体文件格式在编辑器上选择数据源类型。例如：本地数据为"2023年产品销售信息表"，那数据格式应该选择"Excel工作簿"。

第四步：开始获取不同的数据源。

（1）Excel数据。单击【主页】功能区，单击【新建源】，选择【Excel】，选择本地文件"产品销售信息表"后，弹出【导航器】界面，在【销售数据表】前的方框中打钩，最后单击【确定】按钮，如图4-4所示。

图4-4 获取Excel数据

（2）文本/CSV数据。单击【主页】功能区，单击【新建源】，选择【文本/CSV】，选择本地文件"公司股票数据"后，在弹出的界面中，从【数据类型检测】下拉列表中选中【基于整个数据集】，最后单击【确定】按钮，如图4-5所示。

图4-5 获取文本/CSV数据

（3）PDF数据。单击【主页】功能区，单击【新建源】，选择【更多】，在弹出的获取数据对话框中选择【PDF】，单击【连接】，选择本地文件"销售客户信息"。

注意：当本地存在多个PDF文件时，需要分别进行导入。

在本任务中，只有一个 PDF 文件。因此，在弹出的界面中，分别在【Table001（Page 1）】、【Table002（Page 2）】、【Table003（Page 3）】三张数据表前的方框打钩，最后单击【确定】按钮，如图4-6 所示。

图4-6　获取PDF数据

导入后，双击 Table001（Page 1）数据表的名称，重命名为"年龄阶层表"；双击 Table002（Page 2）数据表的名称，重命名为"产品信息表"；双击 Table003（Page 3）数据表的名称，重命名为"6月销量重要客户"。

（4）文件夹数据。单击【主页】功能区，单击【新建源】，选择【更多】，在弹出的获取数据对话框中选择【文件夹】，单击【连接】，选择本地文件夹"销售词频"。单击【确定】按钮，弹出的界面如图4-7所示。

然后在加载的数据窗口中单击【合并并转换数据】，在【合并文件】界面中选择【客户群体词频】，单击【确定】，如图 4-8 所示。

通过上述几个步骤的操作，所有的数据源已经导入完成，在 Power Query 编辑器界面的左侧依次显示"销售数据表""公司股票数据""年龄阶层表""产品信息表""6月销量重要客户""销售词频（3）"等数据。

图4-7 弹出的界面

图4-8 选择客户群体词频

第五步：保存该文件。单击上方左上角的【保存】，命名为"演示案例（瑞可可饮品）"。

Power BI 提供了比 Excel 更加全面、更加便捷的数据处理功能，并且数据的每一个操作都会记录在右侧的步骤面板中，这些步骤都可以进行编辑与修改。

项目四　Power BI可视化基本应用

[任务小结]

数据导入是进行数据分析的一项基础工作，如果不能准确地分清楚数据源文件格式，那么数据导入环节就会存在问题，因此同学们在操作的时候需要加强练习，本任务内容给大家介绍的数据导入只列举了常见的几种数据源格式，非常鼓励同学们自己多思考与操作练习其他的数据源文件格式。

任务二　数据清洗

◆ 学习目标 ◆

本任务主要介绍运用Power BI进行数据清洗的方法，要求学生在完成数据导入的基础上，掌握如何运用Power BI进行数据清洗。

[任务情境]

湖南瑞可可饮品股份有限公司的销售部王经理对不同的数据源进行了分类，并且已经导入Power BI当中，但是他发现导入后部分数据存在一些错误，如有些数据的类型不一致等，数据如果存在错误那就无法进行数据分析，因此王经理想将这些数据进行相应的处理，请你运用Power BI帮助王经理进行数据清洗。

[知识导图]

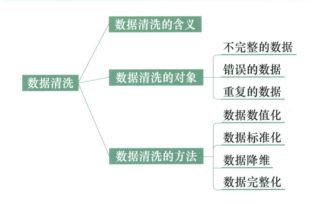

[基础知识]

要想解决任务情境中的问题，首先要了解什么是数据清洗，其次要思考清楚数据清洗的方法。

一、数据清洗的含义

数据清洗又称为数据清理，是指发现并纠正数据文件中可识别的错误，包括检查数据一致性，处理无效值和缺失值等。一般来说，很多数据是从多个业务系统中抽取而来的，包含历史数据，这样就避免不了有的数据是错误数据、有的数据相互之间存在一定的冲突等，这些数据显然是我们不想要的，可以称为"脏数据"。我们要按照一定的规则或方法把"脏数据"洗掉，这就是数据清洗。

二、数据清洗的对象

数据清洗的目的是过滤那些不符合要求的数据,将过滤的结果交给业务部门,确认是否过滤掉还是由业务部门修正之后再重新进行抽取。不符合要求的数据主要有不完整的数据、错误的数据、重复的数据三大类。

1. 不完整的数据

这一类数据主要是一些应该有的信息发生了缺失,如供应商的名称、分公司的名称、客户的区域信息缺失等。

2. 错误的数据

这一类数据产生的原因是业务系统不够健全,在接收输入后没有进行判断直接写入后台数据库,如数值数据输成全角数字字符、字符串数据后多按了"Enter"键、日期格式不正确、日期越界等。

3. 重复的数据

这一类数据主要是信息的重复录入,会占用一定的存储空间。

三、数据清洗的方法

对于不符合要求的数据要选用一定方法进行"清洗",为后续的数据分析做好准备。数据清洗的方法主要包括以下四种:

1. 数据数值化

对存在各种不同格式的数据形式的原始数据,进行处理与计算,如进行数字化转换或数字化编码等操作。

2. 数据标准化

对整体数据进行归一化工作,利用 min-max 标准化方法将数据都映射到一个指定的数值区间。

3. 数据降维

如果原始数据存在很多维度,为了便于计算,可以利用主成分分析法对数据进行相关性分析来降低数据的维度。

4. 数据完整化

数据完整化包括数据缺失补全和数据去重。实在补不全的,对数据进行剔除。

[操作工具]

湖南瑞可可饮品股份有限公司的案例中由于获取的数据存在错误,因此需要运用 Power BI 进行数据清洗工作,目前 Power BI 可以通过逆透视列、将第一行用作标题、删除列、添加列、重命名、调整列序、更改数据类型、替换值等工具进行数据清洗,见表 4-3 所示。

表4-3 数据清洗的工具

任务技能点	Power BI可以运用的工具	解决数据错误类型
清洗数据源	逆透视列	数据存在多维度
	将第一行用作标题	数据缺少标题
	删除列	存在不需要的数据
	添加列	数据不全
	重命名	数据命名错误
	调整列序	数据的顺序有误
	更改数据类型	数据类型有误
	替换值	数据不一致

[操作步骤]

下面开始以任务情境中湖南瑞可可饮品股份有限公司销售部王经理面临的问题为例，运用 Power BI 清洗存在错误的数据。

操作步骤如下：

双击 Power BI Desktop 图标，打开"演示案例（瑞可可饮品）"文件。单击【主页】功能区中的【转换数据】，进入 Power Query 编辑器界面。

（1）处理"公司股票数据"的数据。

第一步：在 Power Query 编辑器界面的左侧选择【公司股票数据】，如图 4-9 所示。

图4-9 选择公司股票数据

第二步：按住【Ctrl】键，在数据表中选中"公司名称"和"日期"两列数据，单击【转换】功能区，展开【逆透视列】的下拉列表，选择【逆透视其他列】，如图 4-10 所示。确认其余各列数据类型是否正确。确认无误清洗完毕。

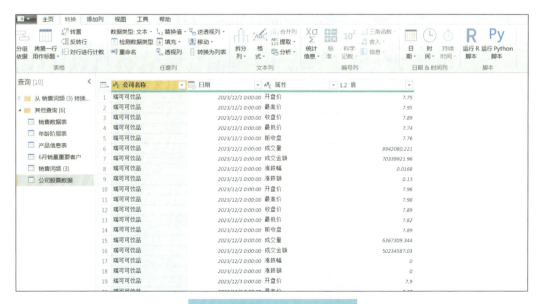

图4-10 逆透视其他列

（2）处理"销售数据表"的数据。

第一步：在 Power Query 编辑器界面的左侧选择【销售数据表】，如图 4-11 所示。

图4-11 选择销售数据表

第二步：单击【转换】功能区，展开【将第一行用作标题】下拉列表，再单击【将第一行用作标题】，如图 4-12 所示。

图4-12 将第一行用作标题

第三步：选中"订单编号"列数据，单击鼠标右键，选择【删除】，如图 4-13 所示。

图4-13 删除列

确认其余各列数据类型是否正确。确认无误清洗完毕。

（3）处理"产品信息表"的数据。

第一步：在 Power Query 编辑器界面的左侧选择【产品信息表】，如图 4-14 所示。

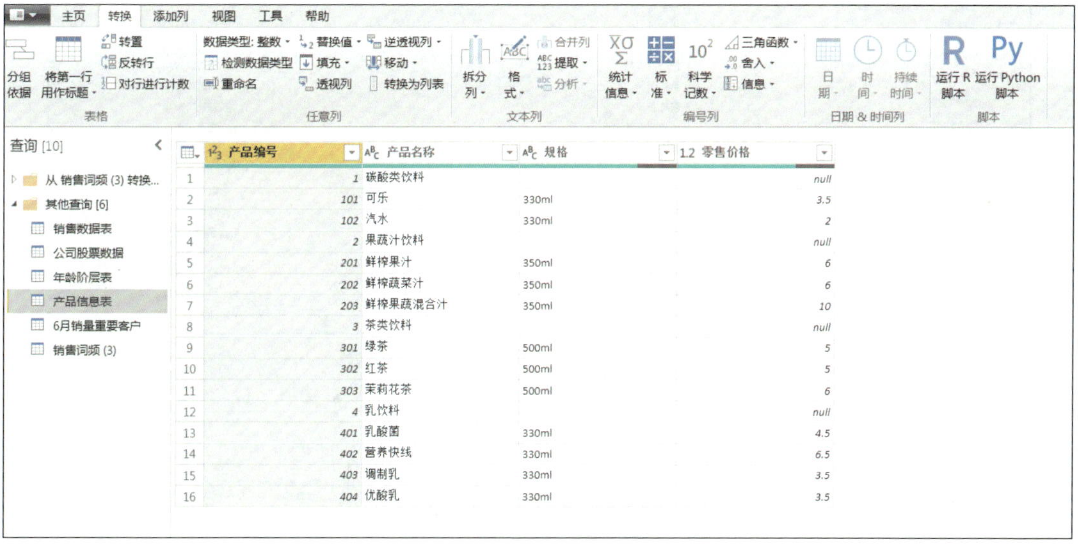

图4-14 选择产品信息表

第二步：选择【添加列】功能区，单击"自定义列"，在弹出的"自定义列"窗口中，输入新列名"公司名称"，录入自定义公式 ="瑞可可饮品"（注意：公式中的引号为英文字符），最后单击【确定】，如图 4-15 和图 4-16 所示。

第三步：选中"公司名称"列，鼠标左键拖动该列数据至最前，如图 4-17 所示。

第四步：选中"产品编号"列，单击鼠标右键，选择【更改类型】，选择【文本】，如图 4-18 所示。

图4-15 "自定义列"窗口

图4-16 自定义列后的界面

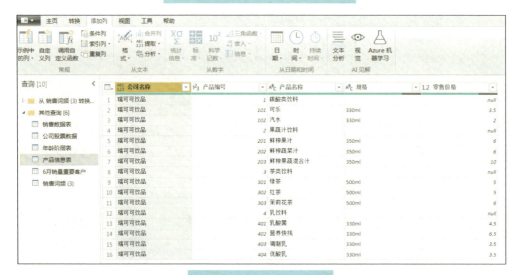

图4-17 调整列序

图4-18 更改数据类型

确认其余各列数据类型是否正确。确认无误清洗完毕。

（4）处理"年龄阶层表"的数据。

第一步：在 Power Query 编辑器界面的左侧选择【年龄阶层表】，如图 4-19 所示。

图4-19　选择年龄阶层表

第二步：分别双击列名"Column1""Column2""Column3""Column4"，重命名为"顾客类别""性别""年龄""所属阶层"，如图 4-20 所示。

确认其余各列数据类型是否正确。确认无误清洗完毕。

（5）处理"销售词频（3）"的数据。

第一步：在 Power Query 编辑器界面的左侧选择【销售词频（3）】，如图 4-21 所示。

第二步：双击"Source.Name"列名，重命名为"公司门店"。

第三步：选择【转换】功能区，单击【替换值】下拉列表，选择【替换值】，弹出"替换值"界面，在"要查找的值"中输入".xlsx"，最后单击【确定】按钮即可，如图 4-22 和图 4-23 所示。

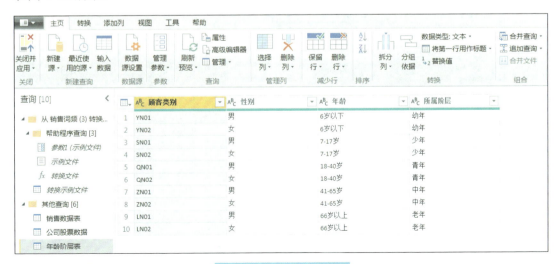

图4-20　重命名

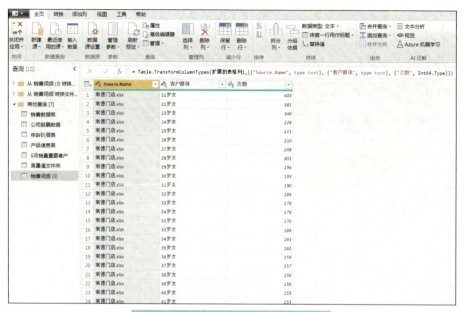

图4-21 选择销售词频(3)

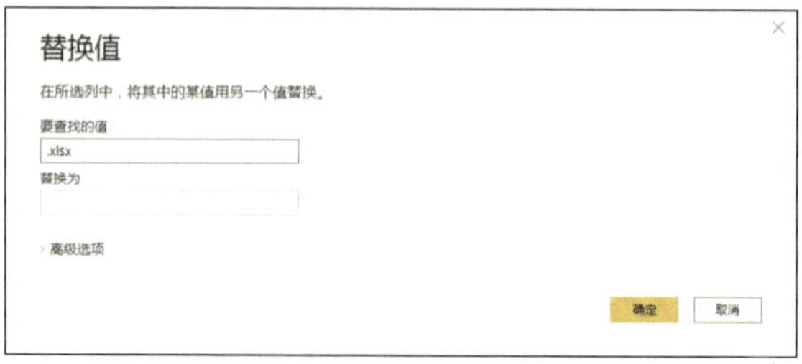

图4-22 弹出"替换值"界面

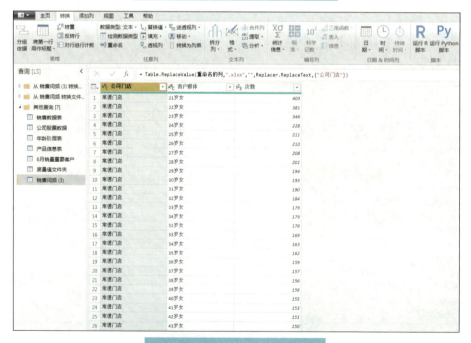

图4-23 替换值后的界面

确认其余各列数据类型是否正确。确认无误清洗完毕。

（6）处理"6月销量重要客户"的数据。

第一步：在 Power Query 编辑器界面的左侧选择【6月销量重要客户】，单击【添加列】功能区，选择【条件列】，弹出"添加条件列"界面，在"新列名"中输入"年龄阶层"。

第二步：输入年龄阶层判定规则：

"if"行从左至右分别为："年龄、小于或等于、6、6岁及以下"。

单击"添加子句"，从左至右分别为："年龄、小于、18、7-17岁"。

单击"添加子句"，从左至右分别为："年龄、小于、41、18-40岁"。

单击"添加子句"，从左至右分别为："年龄、小于、66、41-65岁"。

在左下角"ELSE"处输入"66岁以上"。最后单击【确定】按钮，如图4-24所示。

图4-24　添加条件列界面

第三步：选择新添加的"年龄阶层"列，单击"ABC 123"图标，选择"文本"数据类型即可。

确认其余各列数据类型是否正确。确认无误清洗完毕。

完成上述（1）～（6）的所有操作后需要将清洗好的数据加载到 Power BI Desktop，可以按照以下三个步骤进行操作。

第一步：选择【主页】功能区。

第二步：选择【关闭并应用】。加载完成后的界面如图4-25所示。

第三步：保存该文件。

在 Power BI Desktop 界面的右侧会出现清洗完成的六张数据表。单击【字段】模块中的任意表，都可以展开看到每一张表的具体字段。

图4-25　加载完成后的界面

[任务小结]

数据清洗是为保证准确进行数据分析的一项重要工作,如果数据存在错误,那么数据分析就会存在问题,因此同学们在操作的时候需要加强练习,本任务内容中给大家列举了常见的几种数据清洗方法,非常鼓励同学们自己多思考与操作,练习其他的数据清洗方式。

任务三　数据建模

◆ 学习目标 ◆

本任务主要介绍运用Power BI进行数据建模的方法,要求学生在完成数据清洗的基础上,掌握如何运用Power BI进行数据建模。

[任务情境]

湖南瑞可可饮品股份有限公司销售部王经理对不同的数据源进行了清洗,并且已经加载到Power BI Desktop当中,但是他发现这些数据表之间应该是存在联系的,如多张数据表中都有公司名称等信息,因此王经理想将这些数据表建立关系,请你运用Power BI帮助王经理解决这个问题。

[知识导图]

[基础知识]

要想解决任务情境中的问题,首先要了解什么是数据建模,其次要思考清楚数据建模的方法。

一、数据建模的含义

数据建模是指通过建立数据科学模型的手段来解决现实问题的过程。一般而言,数据建模首先需要识别各种数据表之间的关系,其次就是创建各种数据表之间的关系,因此,在实际工作当中,我们需要对表进行分类,明确表之间的关系,进而建立关系。

1. Lookup表

Lookup表又称为维度表,这种表的主要特点是包含类别属性信息,数据量较小,如日期、产品编号这些都是不重复的唯一字段。Lookup表与在Excel中运用VLOOKUP函数的目标查询表是类似的。

2. 数据表

数据表又称为事实表，这种表的主要特点是具有数字内容，能够提取出度量值的信息，数据量较大，在Lookup表中的字段信息，如日期、产品编号等都是可以重复出现的。

我们以案例中的数据为例，选择其中的"产品信息表"与"销售数据表"这两张表的开头部分信息进行介绍，具体如图4-26所示。

在图4-26中，上方Lookup表中的"产品编号"字段是属性信息，且不重复出现，表内的数据量很小，而下方数据表中的"产品编号"字段是数字内容，都可以进行度量值的提取，且存在重复的产品编号数字，下面的数据量较大。通过这两张表的对应关联字段，即"产品编号"字段，可以建立关系。

关于Lookup表与数据表的对比，可以参考表4-4。

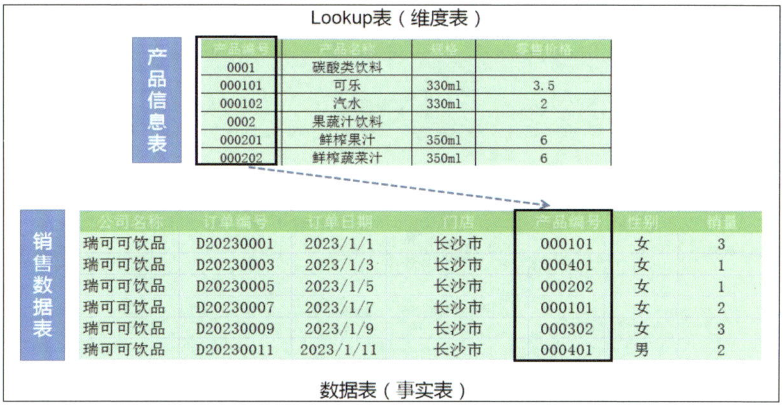

图4-26 通过"产品编号"字段建立联系

表4-4 Lookup表与数据表的对比

分类	Lookup表	数据表
定义	又称为维度表，一般行数少于数据表	又称为事实表，有数字内容
举例	日期、产品信息、客户信息等	销售数据、存货数据、预算等
用途	一般用于行、列、筛选器和切片器	一般用于数据的计算
位置	关系视图中"1"的一端	关系视图中"*"的一端，箭头指向的一端

[操作工具]

运用Power BI进行数据建模工作，通过视图模式当中的"关系视图"（也称为模型视图）按钮进行数据建模，如图4-27所示。

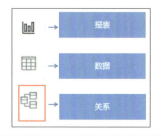

图4-27 关系视图模式

[操作步骤]

下面开始以任务情境中湖南瑞可可饮品股份有限公司销售部王经理面临的问题为例，运用 Power BI 进行数据建模。

数据建模

操作步骤如下：

双击 Power BI Desktop 图标，打开"演示案例（瑞可可饮品）"文件。

第一步：在 Power BI Desktop 左侧导航栏的三种视图模式中选择第三个图标【🗂】，即"关系视图"（或模型视图）按钮，进入数据关系模型页面。为便于查看，可以调整各模块表的位置，如图4-28所示。

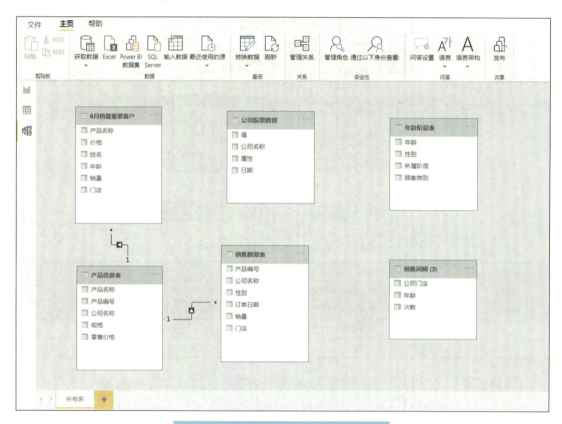

图4-28 进入数据关系模型页面

说明：Power BI 是具有自动识别功能的，导入这些表到关系视图以后，它会自动关联好一些字段。将鼠标移到【▫】图标上，可以查看关系是否建立正确。可以看到"6月销量重要客户"与"产品信息表"之间关联的字段是"产品名称"（如图4-29所示），而"产品信息表"与"销售数据表"之间关联的字段是"产品编号"（如图4-30所示），除了已经关联好的字段外，还有部分未关联的字段就需要我们自己创建关系。

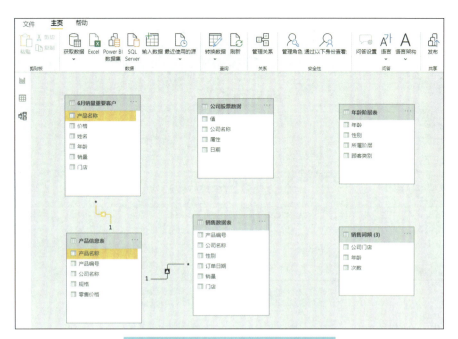

图4-29 查看建立的关系（1）

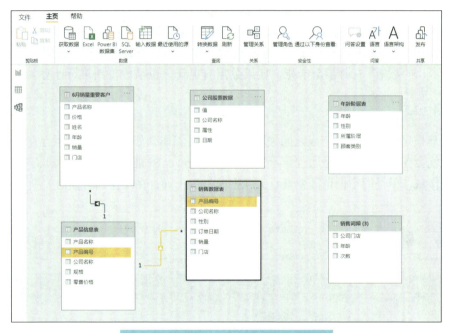

图4-30 查看建立的关系（2）

第二步：Power BI 自动识别出来的关联字段并不一定都是正确的，可以进行修改。如果关系不正确，可以删除原有关系重新建立关系。将鼠标移到【🗝】图标上，单击鼠标右键，选择【删除】，即可删除字段间的关系。此处案例中不进行删除操作。

第三步：将"销售数据表"中的"性别"字段拖拽到"年龄阶层表"中的"性别"，再将"销售数据表"中的"公司名称"字段拖拽到"公司股票数据"中的"公司名称"，这样即可创建其他表之间的关系。建立关系后的结果如图 4-31 所示。

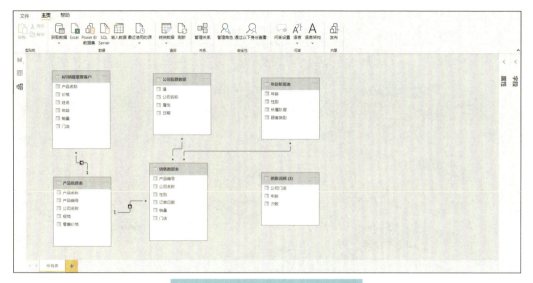

图4-31 建立关系后的结果

第四步：保存该文件。

通过上述关系的建立，我们得以把所有表中的数据放在了一张表里进行数据建模，当 Lookup 表与数据表有更新时，能及时更新到这张表中，关系也会自动更新。这都为后面进行数据分析奠定了非常重要的基础。如果没有数据建模，需要在 Excel 中需要做很多工作，一般使用 VLOOKUP 函数完成数据的查询工作，但是当数据量很庞大时，该操作会让 Excel 运行非常缓慢，有时甚至卡死。如果数据有更新，也需要重新进行计算。

[任务小结]

数据建模是为了建立表与表之间关联的一项重要工作，如果建立的关系存在错误，那么数据分析就会存在问题，但是通过学习我们会发现 Power BI 能够自动识别关联字段，帮助我们减轻工作量，但是同学们也需要查看关联字段是否正确，在操作的时候需要细心一点。

任务四 数据度量

[◆ 学习目标 ◆]

本任务主要介绍运用 Power BI 进行数据度量的方法，要求学生在完成数据建模的基础上，掌握如何运用 Power BI 进行数据度量。

[任务情境]

湖南瑞可可饮品股份有限公司销售部王经理在任务三中已经给不同的数据表创建了关系，根据以往的经验，他认为以前在 Excel 中要想制作图表，如制作公司销售客户群体饼图，必须先确定好关键的指标，也就需要利用相应的函数与公式，那么现在利用 Power BI 应该如何确定这些关键指标的数值呢？请你运用 Power BI 帮助王经理进行数据度量。

项目四 Power BI可视化基本应用

[知识导图]

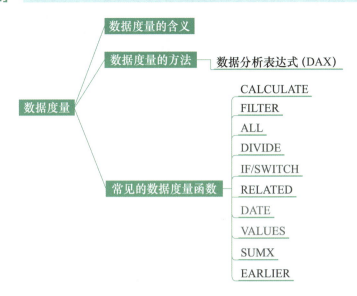

[基础知识]

要想解决任务情境中的问题,首先要了解什么是数据度量,其次要思考清楚进行数据度量的方法。

一、数据度量的含义

度量是被聚合(观察)的统计值,也就是聚合运算的结果,往往是一个计算出来的数值。度量可以是指标的度量衡,也可以是针对指标的某个维度的度量。例如公司案例中想提取出公司的销售额信息,那么就需要利用销售额的计算公式,对销售额这一指标进行度量。

二、数据度量的方法

要想进行数据度量,就需要了解 Power BI 中使用的公式语言。这种公式语言称为数据分析表达式,也称为 DAX(即 Data Analysis Expression)。它与 Excel 中的公式是相似的,只不过 Excel 中的公式引用的是单元格,如"A1"单元格,而 DAX 是直接引用某张表中某列的名称。这两种公式语言的对比可以参见下面的举例。

图 4-32 是一张公司的销售数据表,其中共有 7 列 8 行数据。

当求销售量的合计数时,我们在 Excel 中输入的公式语言是"=SUM(G2:G8)",而在 Power BI 中输入的公式语言是"[销售量合计]=SUM('销售数据表'[销量])"。

第二个公式中,等号左边是度量值的名称,右边是输入的公式。在输入公式时,使用单引号引用某张表,使用中括号表示度量值或列。

	A	B	C	D	E	F	G
1	公司名称	订单编号	订单日期	门店	产品编号	性别	销量
2	瑞可可饮品	D20230001	2023/1/1	长沙市	000101	女	3
3	瑞可可饮品	D20230003	2023/1/3	长沙市	000401	女	1
4	瑞可可饮品	D20230005	2023/1/5	长沙市	000202	女	1
5	瑞可可饮品	D20230007	2023/1/7	长沙市	000101	女	3
6	瑞可可饮品	D20230009	2023/1/9	长沙市	000302	女	3
7	瑞可可饮品	D20230011	2023/1/11	长沙市	000401	男	2
8	瑞可可饮品	D20230013	2023/1/13	资兴市	000402	男	4

图4-32 销售数据表

109

> **注意**：除列、度量值、表的名称外，其他的公式、运算符都必须在英文输入法状态下书写，这与Excel公式的书写规则是相同的。

在实际工作中，我们可以利用几个非常有用的函数来帮助我们实现数据度量，具体见表4-5。

表4-5　Power BI中常见的度量函数

函数	使用举例
	假设前面已经完成了5个度量值：1 销售量、2 平均销售量、3 最大销售量、4 订单数量、5 单店数量
CALCULATE	6 CALCULATE销售量 = CALCULATE([销售量],'销售数据表'[门店]="长沙市",'销售数据表'[产品编号]="000101") 含义：求出销售数据表当中长沙市门店销售产品编号为000101的销售量
FILTER	7 FILTER销售量 = CALCULATE([1 销售量],FILTER('销售数据表',[1 销售量]<5)) 含义：计算销售数据表中销售量低于5杯的销售量
ALL	8 ALL销售量 = CALCULATE([1 销售量],ALL('销售数据表')) 含义：求出销售数据表中所有的销售量
DIVIDE	9 单店销售量 = DIVIDE([1 销售量],[5 单店数量]) 含义：计算单个门店的销售量
IF/SWITCH	10 IF年龄阶层 = IF([年龄]>66,"老年",IF([年龄]>40,"中年",IF([年龄]>17,"青年","幼年"))) 或 11 SWITCH = SWITCH(TRUE,[年龄]>66,"老年",[年龄]>40,"中年",[年龄]>17,"青年","幼年") 含义：根据客户的年龄进行年龄阶层的划分
RELATED	12 销售收入 = [销量]*RELATED('6月销量重要客户'[价格]) 含义：计算6月销量重要客户表中的销售收入
DATE	13 日历 = CALENDAR(DATE(2023/1/1),DATE(2023/12/31)) 含义：生成一张2023年1月1日到2023年12月31日的日期表
VALUES	14 VALUES销售量 = CALCULATE([1 销售量],FILTER('销售数据表',[1 销售量]<5)) 含义：计算出销售数据表中销售量低于5杯的不重复的总销售量
SUMX	15 销售额 = SUMX('6月销量重要客户',[销量]*[价格]) 含义：计算6月销量重要客户表中的总销售额
EARLIER	16 列 = CALCULATE([1 销售量],FILTER('销售数据表','销售数据表'[门店]=EARLIER('销售数据表'[门店]))) 含义：新建一列求出销售数量表中各门店的销售量

其实，DAX与Excel公式是非常相似的，在Excel中常用到的一些函数，如日期函数、逻辑函数、数学函数、统计函数等，在DAX中也都包含了，而且用法大致是相同的，甚至很多功能可以直接使用Power Query的查询编辑器来完成。相比之下，DAX的阅读性非常高，另外Power BI在输入公式时会有智能提示，这可以帮助我们检查书写，所以是非常便捷的。

[操作工具]

湖南瑞可可饮品股份有限公司的案例中需要运用Power BI进行数据度量工作，因此可以通过视图模式当中的"报表视图"按钮进行数据度量，如图4-33所示。

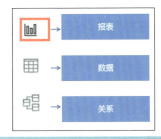

图4-33 报表视图模式

[操作步骤]

下面开始以工作情境中湖南瑞可可饮品股份有限公司销售部王经理面临的问题为例,运用 Power BI 进行数据度量。

操作步骤如下:

双击 Power BI Desktop 图标,打开"演示案例(瑞可可饮品)"文件。

数据度量

第一步:新建一个度量值文件夹。

在 Power BI Desktop 左侧导航栏的三种视图模式中选择第一个图标【 】,即"报表视图"按钮,选择【主页】功能区,然后选择【输入数据】。在弹出的创建表界面的"名称"中输入"度量值文件夹",然后单击【加载】,如图4-34所示。

图4-34 新建"度量值文件夹"

第二步:在新建的"度量值文件夹"下增加度量值。

在右边的字段中选择并展开"度量值文件夹",在上方菜单中选择【表工具】,然后选择【新建度量值】,如图4-35所示。

图4-35 新建度量值

第三步：输入第一个度量值的公式，"1订单最新日期 = MAXX(ALL(' 销售数据表 ')，' 销售数据表 '[订单日期])"，按【Enter】键确认，如图4-36所示。

图4-36 输入度量值的公式

注意：如果在粘贴度量值时报错，多是由于空格的问题造成的，可删除多余空格。

接下来按照第三步继续完成剩余11个度量值的创建，需要新建的度量值见表4-6。
说明：度量值的新建主要依据数据分析的内容来定，此处的度量值仅供参考。

表4-6 需要新建的度量值

度 量 值	公 式
1 R 最后消费间隔天数	= DATEDIFF(MAX('销售数据表'[订单日期]), [1 订单最新日期], DAY)
1 平均 R 值（最后消费间隔天数）	= AVERAGEX(ALLSELECTED('6月销量重要客户'), [1 R 最后消费间隔天数])
1 R 值	= IF(ISBLANK([1 R 最后消费间隔天数]), BLANK(), IF([1 R 最后消费间隔天数]<[1 平均 R 值（最后消费间隔天数）],1,0))
1 F 消费次数	= DISTINCTCOUNT('销售数据表'[产品编号])
1 平均 F 值（平均消费次数）	= AVERAGEX(ALLSELECTED('6月销量重要客户'), [1 F 消费次数])
1 F 值	= IF(ISBLANK([1 F 消费次数]), BLANK(), IF([1 F 消费次数]>[1 平均 F 值（平均消费次数）],1,0))
1 M 消费金额	= SUM('6月销量重要客户'[销售收入])

（续）

度 量 值	公 式
1 平均 M 值（平均消费金额）	= AVERAGEX(ALLSELECTED('6月销量重要客户') , [1 M 消费金额])
1 M 值	= IF(ISBLANK([1 M 消费金额]), BLANK(), IF([1 M 消费金额] >[1 平均 M 值（平均消费金额）],1,0))
1 RFM 值	= [1 R 值]&[1 F 值]&[1 M 值]
2 销售额	= SUM('6月销量重要客户'[销售收入])

新建完成后，在"度量值文件夹"中会出现 12 个度量值，如图 4-37 所示。

图4-37　度量值创建后结果

第四步：保存该文件。

[任务小结]

数据度量是为了进行数据分析与可视化的一项重要工作，但是在新建度量值输入公式时很容易出现报错的情况，所以请同学们务必要认真仔细地输入公式，尤其要注意是否有多余的空格，另外度量值的整理工作也是非常重要的，如果创建了多个度量值，且不属于同一类别，那么可以通过新建不同文件夹的方式进行规整，后面再调用的时候就会非常便捷了。

任务五　数据可视化

◆ 学习目标 ◆

本任务主要介绍Power BI的基本应用之五，即数据可视化的方法，要求学生在完成数据度量的基础上，掌握如何运用Power BI进行数据可视化。

[任务情境]

湖南瑞可可饮品股份有限公司销售部王经理在上一任务中已经创建了多个度量值，

接下来他需要调用这些度量值，进行数据可视化，根据他的想法，他希望可以做出灵活多变、能够进行数据分析的可视化图表，那么应该如何操作呢？请你帮助王经理解决这个问题。

[知识导图]

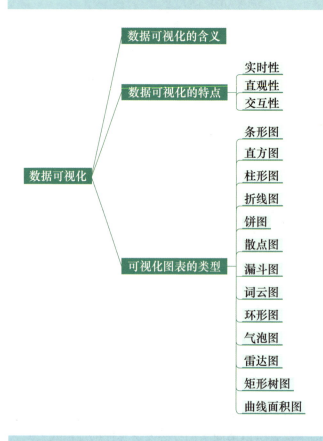

[基础知识]

要想解决任务情境中的问题，首先要了解什么是数据可视化，其次要思考清楚数据可视化的方法。

一、数据可视化的含义

数据可视化是指将相对晦涩的数据通过可视的、交互的方式进行展示，从而形象、直观地表达数据蕴含的信息和规律。简而言之，数据可视化渐渐取代了数据图表，目前主要是通过可视化图表的方式进行操作。

二、数据可视化的特点

数据可视化具有以下几个特点：①具有实时性。每个数据信息都可以进行实时更新，满足互联网时代信息多变的特点。②具有直观性。通过丰富的展现方式，能充分满足数据展现的多维度要求。③具有交互性。用户可以方便地以交互的方式管理和开发数据。

三、可视化图表的类型

步入大数据时代,各行各业对数据的重视程度与日俱增,可视化图表可以从朴素的柱形图、饼图、折线图,扩展到地图、气泡图、树状图、仪表等各式各样的图表。表4-7列举了几种常见的可视化图表。

表4-7 几种常见的可视化图表

类　　型	适　用　情　况
条形图	条形图是一种以长方形的长度为变量的统计图表,用来比较两个或以上的价值,只有一个变量,通常适用于较小的数据集分析。条形图亦可横向排列,或用多维方式表达
直方图	直方图又称质量分布图,用于表示数据的分布情况,一般用横轴表示数据区间,纵轴表示分布情况,柱子越高,则落在该区间的数量越多
柱形图	柱形图是一种以长方形的长度为变量的统计图表,一般用于展示多个分类的数据变化和同类别各变量之间的比较情况,适用对比分类数据。其中堆积柱形图比较同类别各变量和不同类别变量的总和差异,而百分比堆积柱形图适合展示同类别的每个变量的比例
折线图	折线图是一个由直角坐标系、一些点和线组成的统计图表,用来表示相同时间间隔内数据连续变化的趋势,适用于展示二维数据集
饼图	饼图是一个划分为几个扇形的圆形统计图表,每个扇形的弧长(以及圆心角和面积)大小,表示该种类占总体的比例,且这些扇形合在一起刚好是一个完整的圆形,饼图的功能在于能表现占比情况
散点图	散点图是指在回归分析中,数据点在直角坐标系平面上的分布图,用于显示一个或多个数据在特定条件下的变化趋势
漏斗图	用梯形面积表示某个环节业务量与上一个环节之间的差异,适用于有固定流程并且环节较多的分析,可以直观地显示转化率和流失率
词云图	展现文本信息,对出现频率较高的"关键词"予以视觉上的突出,如用户画像标签,适合在大量文本中提取关键词
环形图	环形图属于饼图的一种可视化变形,是数据可视化中最常见的图形之一,用于观测各类数据大小以及占总数据的比例,显示了各个部分与整体之间的关系
气泡图	气泡图是一种多变量的统计图表,由直角坐标系和大小不一的圆组成,可以看作是散点图的变形,通常用于展示和比较数据之间的关系和分布
雷达图	雷达图是一种显示多变量数据的图表,通常从同一中心点开始等角度间隔地射出三个以上的轴,每个轴代表一个定量变量,可以用来在变量间进行对比,或者查看变量中有没有异常值
矩形树图	矩形树图是一个由不同大小的嵌套式矩形来显示树状结构数据的统计图表,在矩形树图中,父子层级由矩形的嵌套表示,在同一层级中,所有矩形依次无间隙排布,他们的面积之和代表了整体的大小
曲线面积图	曲线面积图或称区域图,是一种随有序变量的变化,反映数值变化的统计图表,原理与折线图相似,曲线面积图的特点在于折线与自变量坐标轴之间的区域会有颜色或者纹理填充

可视化图表的类型虽然很多,但是对于不同的数据类型要选择适合的可视化图表进行展现,在制作可视化图表时,一定要从业务出发,优先挑选合理的、符合惯例的图表。

[操作工具]

接下来运用Power BI进行数据可视化操作,可以通过视图模式中的"报表视图"按钮,进行数据可视化。可视化图表的选择有很多,面板中有各种选项可以对图表进行调整,如图4-38所示。

图4-38　可视化图表的选择

[操作步骤]

下面开始以任务情境中湖南瑞可可饮品股份有限公司销售部王经理面临的问题为例,运用 Power BI 进行数据可视化。

操作步骤如下:

双击 Power BI Desktop 图标,打开"演示案例(瑞可可饮品)"文件。

数据可视化

第一步:设置可视化基本页面环境。

(1)设置页面大小。在 Power BI Desktop 选择位于【可视化】下方、搜索框上方的第二个图标【 】,即【格式】,打开【页面大小】,选择【类型】下拉列表,选择【自定义】,调整页面大小为:宽度1920像素,高度1080像素,如图4-39所示。操作完折叠【页面大小】。

(2)添加映像。选择【页面背景】,单击【添加映像】,选择本地数据源中的"背景图",单击"打开",然后设置背景参数,将【透明度】调至"0",【图像匹配度】选择"匹配度",如图4-40所示。

图4-39　自定义页面大小

第二步:绘制可视化图表。

1. 词云图

①导入视觉对象。单击【可视化】下方最后一个图标"…",选择【从文件导入视觉对象】,在弹出的提示框中,单击【导入】,获取本地数据源,选择"WordCloud…pbiviz"文件,然后单击【打开】,等待导入成功,再单击【确定】,最后单击导入的新图标,在报表画布上生成对象,如图4-41所示。

项目四　Power BI可视化基本应用

图4-40　设置页面背景

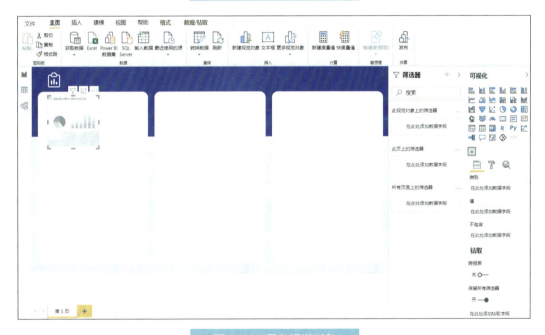

图4-41　导入视觉对象

②设置数据类型。选中该对象,展开【字段】中的【销售词频】,选择【可视化】中的【字段】属性,用鼠标拖拽"客户群体"到"类别"中,拖拽"次数"到"值"中。

③调整格式。选中对象,依次完成如下设置:

【常规】属性:最大字数改为100。

【标题】属性:标题文本改为销售客户群体词云图,对齐方式改为居中,文本大小改为18磅。

【背景】属性:关。

【边框】属性：开。

其他设置为默认即可。操作后销售客户群体词云图如图4-42所示。

图4-42　销售客户群体词云图

> **注意**：完成这一个可视化设计后，单击空白区域，取消对象选中效果，避免后续操作对该视觉对象产生影响。

分析：从图4-42中可以明显看到湖南瑞可可饮品股份有限公司的客户群体集中在"21岁的女客户"，这一消费群体属于"青年"阶段，青年人朝气蓬勃，个性比较明显，因此公司可以针对该年龄阶层的客户推出个性化、多样化的饮品。

2. 条形图

① 新建视觉对象。选择【可视化】下方的"簇状条形图"图标，在报表画布上生成新的视觉对象，如图4-43所示。

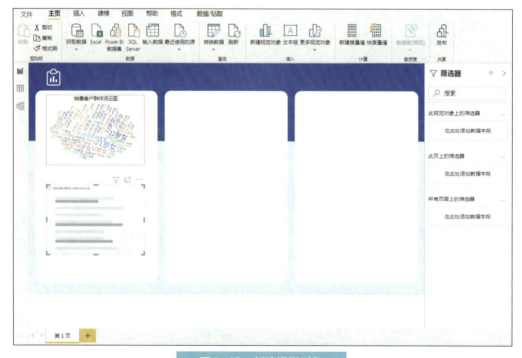

图4-43　新建视觉对象

② 设置数据类型。选中该对象，展开【字段】中的【销售词频】，选择【可视化】中的【字段】属性，用鼠标拖拽"客户群体"到"轴"中，拖拽"次数"到"值"中。

③ 调整格式。选中对象，依次完成如下设置：

【Y轴】属性：黑色、12磅，标题关。

【X轴】属性：黑色、12磅，标题关，不显示单位。

【数据颜色】属性：默认颜色为#9299EE。

【数据标签】属性：黑色、12磅，不显示单位。

【标题】属性：标题文本改为销售客户群体词频分析，对齐方式改为居中，文本大小改为18磅。

【背景】属性：关。

【边框】属性：开。

其他设置为默认即可。操作后销售客户群体词频分析簇状条形图如图4-44所示。

图4-44 销售客户群体词频分析簇状条形图

3. 饼图

① 新建视觉对象。

选择【可视化】下方的"饼图"图标，在报表画布上生成新的视觉对象，如图4-45所示。

图4-45 新建视觉对象

②设置数据类型。选中该对象,展开【字段】中的【6月销量重要客户】,选择【可视化】中的【字段】属性,用鼠标拖拽"门店"到"图例"中,拖拽"销售收入"到"值"中。

③调整格式。选中对象,依次完成如下设置:

【图例】属性:黑色、12磅。

【数据颜色】长沙市#118DFF,资兴市#12239E,衡阳市#E66C37,湘潭市#6B007B,临湘市#E044A7,邵阳市#744EC2,桂东县#D9B300,临武县#D64550,汨罗市#197278,常德市#1AAB40,衡东县#15C6F4,长沙县#4092FF。

【详细信息标签】属性:标签样式改为类别,总百分比;属性设置改为黑色、10磅。

【标题】属性:标题文本改为销售收入分门店,对齐方式改为居中,文本大小改为18磅。

【背景】属性:关。

【边框】属性:开。

其他设置为默认即可。操作后销售收入分门店饼图如图4-46所示。

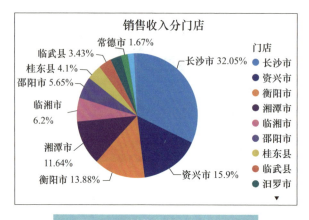

图4-46 销售收入分门店饼图

分析:从图4-46可以看出公司6月不同门店取得的销售收入占比情况,其中长沙市门店的销售收入最佳,居于首位,占比32.05%。资兴市门店、衡阳市门店分别排第二与第三,占比分别为15.9%与13.88%。公司可以根据不同地市的具体特点,采取有力措施加大不同地级市门店的宣传力度,带动其他门店销售业绩的增长。

4. 环形图

①新建视觉对象。选择【可视化】下方的"环形图"图标,在报表画布上生成新的视觉对象,如图4-47所示。

②设置数据类型。选中该对象,展开【字段】中的【6月销量重要客户】,选择【可视化】中的【字段】属性,用鼠标拖拽"年龄阶层"到"图例"中,拖拽"年龄"到"值"中。

③调整格式。选中对象,依次完成如下设置:

【图例】属性:底部居中,黑色、12磅。

【数据颜色】属性:"18-40岁"改为#2D39C5,"7-17岁"改为#EB895F。

【详细信息标签】属性:标签样式改为类别,总百分比;属性设置改为黑色、10磅。

【标题】属性：标题文本改为客户年龄阶层，对齐方式改为居中，文本大小改为18磅。
【背景】属性：关。
【边框】属性：开。

图4-47　新建视觉对象

其他设置为默认即可。操作后客户年龄阶层环形图如图 4-48 所示。

分析：从图 4-48 中可以看出，6 月公司客户年龄阶层主要集中在 18-40 岁之间，占 94%，另外还有 6% 的客户群体属于 7-17 岁之间，说明青年人是公司的主要消费群体。分析结果与销售客户群体词云图、销售客户群体词频分析簇状条形图相似。公司应该集中力量根据这个年龄阶层的特点开发不同的产品提高业绩，另外还可以稍微扩大消费群体，如可以开发 41 岁以上的客户群体。

图4-48　客户年龄阶层环形图

5. 仪表

① 新建视觉对象。选择【可视化】下方的"仪表"图标，在报表画布上生成新的视觉对象，如图 4-49 所示。

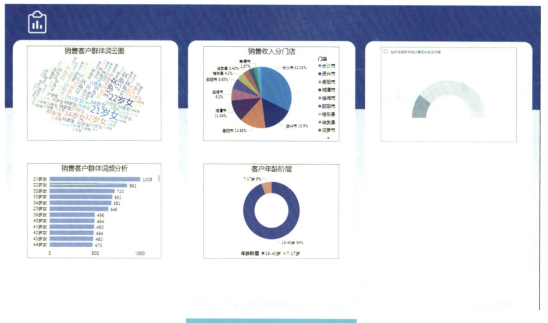

图4-49 新建视觉对象

② 设置数据类型。选中该对象，展开【字段】中的【度量值文件夹】，用鼠标拖拽"2 销售额"到"值"中。双击已拖拽的度量值，重命名为"销售额"。

③ 调整格式。选中对象，依次完成如下设置：

【测量轴】属性：最大改为4000，目标改为3000。

【数据颜色】属性：填充颜色改为#118DFF，目标颜色改为#2D39C5。

【数据标签】属性：黑色，不显示单位，12磅。

【目标】属性：黑色，不显示单位，12磅。

【标注值】属性：黑色，不显示单位。

【标题】属性：标题文本改为2023年6月销售额完成情况，对齐方式改为居中，文本大小改为18磅。

【背景】属性：关。

【边框】属性：开。

其他设置为默认即可。操作后2023年6月销售额完成情况仪表如图4-50所示。

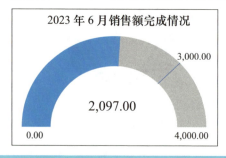

图4-50 2023年6月销售额完成情况仪表

分析：从图4-50中可以看出2023年6月销售额未完成公司制定的目标值，公司的目标值是3000万元，目前完成了2097万元，完成率为69.9%。

6. 瀑布图

① 新建视觉对象。选择【可视化】下方的"瀑布图"图标，在报表画布上生成新的视觉对象，如图4-51所示。

图4-51　新建视觉对象

② 设置数据类型。选中该对象，展开【字段】中的【6月销量重要客户】，用鼠标拖拽"年龄阶层"到"类别"中，展开【字段】中的【度量值文件夹】，用鼠标拖拽"1M消费金额"到"值"中，点开已拖拽的"值"属性，在下拉列表中选择"将值显示为"，再选择"占总计的百分比"。

③ 调整格式。选中对象，依次完成如下设置：

【图例】属性：关。
【X轴】属性：黑色、12磅、标题关。
【Y轴】属性：黑色、12磅、标题关。
【数据标签】属性：黑色，12磅。
【情绪颜色】属性：提高改为#9299EE，降低改为#CDCFE9，总计改为#2D39C5。
【标题】属性：标题文本改为销售额贡献度，对齐方式改为居中，文本大小改为18磅。
【背景】属性：关。
【边框】属性：开。

其他设置为默认即可。操作后销售额贡献度瀑布图如图4-52所示。

分析：从图4-52中可以看出公司的销售额贡献度以18-40岁为主，分析结果与客户年龄阶层环形图相同。

最后调整所有视觉对象的大小、位置。上述介绍的六种图形就制作完成了，最终效果如图4-53所示。

图4-52　销售额贡献度瀑布图

说明：上述这几张报表是动态显示的，如果 Power Query 编辑器中的数据源发生变动，那么这里的报表也会自动更新，将鼠标移到每一种图形上，会自动显示出该部分的有关数值。例如将鼠标移到簇状柱形图上，显示出该柱形代表的客户群体是"32 岁女"的词频次数信息为 720 次，如图 4-54 所示。

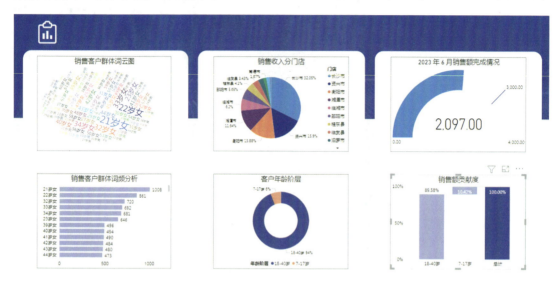

图4-53　可视化图表最终界面

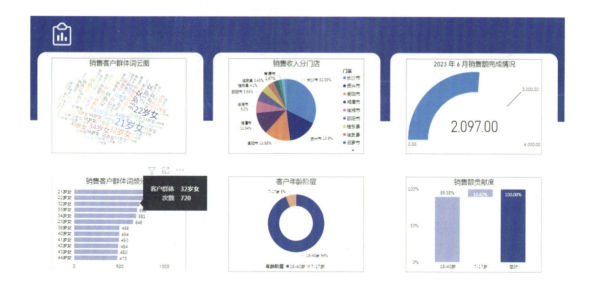

图4-54　显示数据信息

[任务小结]

数据可视化能够将原始的数据源非常直观地展现出来，从不同的图形中可以分析获取公司领导层需要的重要信息，但是由于视觉对象的多样化，应使可视化图表尽量简单，不要盲目追求视觉效果而忽略了数据的内容。所以请同学们务必要明确不同的报表图形适合分析哪些数据，这样进行数据分析才会提供重要的价值。

技能操作练习题

根据项目四所学内容，打开项目四配套资料的天气数据，完成以下操作：

（1）新建一个Power BI文件，导入该天气数据。
（2）将该数据表1重命名为"北京市天气表"。
（3）将第一行用作标题。
（4）将数据中的"最高温"与"最低温"两列的数据值去掉"。"符号。
（5）添加一列：标题为"城市"，该列值均为"北京市"，并将添加的列放置在"日期"列之前。
（6）将"空气质量指数"列按字符数拆分成两列，一列重命名为"空气质量指数"，另一列重命名为"空气质量等级"。
（7）新建一个度量值文件夹，新建表4-8中列出的度量值。

表4-8 需要新建的度量值

度 量 值	公 式
1 天气最新日期	= MAXX(ALL('北京市天气表'),'北京市天气表'[日期])
1 平均最高气温	= AVERAGE('北京市天气表'[最高温])
1 平均最低气温	= AVERAGE('北京市天气表'[最低温])
1 空气质量等级数	= DISTINCTCOUNT('北京市天气表'[空气质量等级])
1 平均空气质量指数	= AVERAGE('北京市天气表'[空气质量指数])

（8）绘制一张标题为"北京市8月最高温与最低温分布"的折线图，图形的标题居中显示，黑色18磅，背景关、边框开，最高温为红色、最低温为蓝色，图例显示在右边。
（9）绘制一张标题为"北京市8月天气计数"的簇状条形图，图形的标题居中显示，黑色18磅，背景关、边框开。
（10）绘制一张标题为"北京市8月平均空气质量"的环形图，图形的标题居中显示，黑色18磅，背景关、边框开，优为红色、良为紫色，图例显示在底部居中。

项目五 财务数据可视化综合应用

学习内容

本项目主要介绍运用Power BI进行财务数据可视化综合应用，是在项目四内容的基础上进一步提升。通过学习本项目，学生可以熟练运用Power BI进行数据分析与可视化设计，提升财务数据的综合分析思维能力。

◎ 项目典型工作任务
- 资产负债表可视化设计
- 财务指标可视化设计

任务一 资产负债表可视化设计

◆ 学习目标 ◆

本任务主要介绍运用Power BI进行资产负债表可视化设计。资产负债表是企业的三大财务报表之一，学生应熟悉资产负债表的基本结构与内容，理解财务数据的关系，掌握运用Power BI进行资产负债表分析与应用的方法，逐步形成财务数据综合分析的思维。

[任务情境]

欢乐家食品集团股份有限公司是一家依靠地区资源优势，以专业生产经营椰子汁植物蛋白饮料、果汁饮料、乳酸菌饮料和水果罐头为主的大型民营综合食品生产企业。请你运用Power BI对欢乐家食品集团股份有限公司的资产运转情况进行分析，并判断企业的经营状态。（由于数据表格较多，此处不一一画图展示，实操的数据见演示案例资料。）

[知识导图]

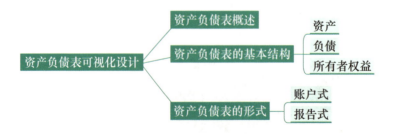

[基础知识]

任务情境的问题是判断企业经营状态，要想解决这一问题，首先要了解资产负债表的基本结构与内容，其次要运用之前所学的 Power BI 的相关操作对资产负债表进行可视化设计，最后对资产负债表的财务数据进行综合分析与评价。

一、资产负债表概述

资产负债表反映企业在某一特定时点的财务状况，是企业静态财务结构的体现，基于会计恒等式"资产＝负债＋所有者权益"，它可以表明企业的资金来源与运用的关系。

二、资产负债表的基本结构和形式

资产负债表的形式有两种，分别是"账户式"和"报告式"。根据我国的相关法律法规，企业采用账户式资产负债表，见表 5-1。

表5-1　资产负债表

会企 01 表

编制单位：　　　　　　　　　　　　　年　月　日　　　　　　　　　　　　单位：元

资　产	期末余额	期初余额	负债与所有者权益（或股东权益）	期末余额	期初余额
流动资产：			流动负债：		
货币资金			短期借款		
交易性金融资产			交易性金融负债		
应收票据			应付票据		
应收账款			应付账款		
预付账款			预收账款		
应收利息			应付职工薪酬		
应收股利			应交税费		
其他应收款			应付利息		
存货			应付股利		
一年内到期的非流动资产			其他应付款		
其他流动资产			一年内到期的非流动负债		
流动资产合计			其他流动负债		
非流动资产：			流动负债合计		
可供出售金融资产			非流动负债：		
持有至到期投资			长期借款		
长期应收款			应付债券		
长期股权投资			长期应付款		
投资性房地产			专项应付款		
固定资产			预计负债		
在建工程			递延所得税负债		

(续)

资产	期末余额	期初余额	负债与所有者权益（或股东权益）	期末余额	期初余额
在建物资			其他非流动负债		
固定资产清理			非流动负债合计		
生产性生物资产			负债合计		
油气资产			所有者权益：（或股东权益）		
无形资产			实收资本（或股本）		
开发支出			资本公积		
商誉			减：库存股		
长期待摊费用			盈余公积		
递延所得税资产			未分配利润		
其他非流动资产			所有者权益（或股东权益）合计		
非流动资产合计					
资产总计			负债与所有者权益总计		

由表 5-1 可知，资产负债表的左边列示了各项资产，右边列示了各项负债与所有者权益。其中资产包括流动资产与非流动资产，负债包括流动负债与非流动负债，所有者权益包括实收资本（或股本）、资本公积、盈余公积与未分配利润。

[操作工具]

欢乐家食品集团股份有限公司的案例中需要搜集该公司历年的资产负债表数据，运用 Power BI 进行可视化设计，本任务分别需要完成数据导入、数据清洗、数据建模、数据度量与数据可视化五个步骤的操作，具体流程如图 5-1 所示。

图5-1 数据可视化流程图

> 注意：上述五个步骤的先后顺序可以根据实际情况进行调整。

[操作步骤]

下面开始以任务情境中欢乐家食品集团股份有限公司的问题为例，运用 Power BI 进行资产负债表数据的可视化设计。

操作步骤如下：

双击 Power BI Desktop 图标，进入主界面。

第一步：导入数据。

（1）单击主界面中的【主页】功能区，单击【转换数据】下拉列表，选中【转换数据】，进入"Power Query 编辑器（查询编辑器）"界面。

（2）单击编辑器中的【主页】功能区，单击【新建源】，选择【Excel 工作簿】，选择本地文件"公司属性表"后，在弹出的【导航器】界面中，勾选【公司属性表】前的方框，最后单击【确定】按钮，如图 5-2 所示。

图5-2　导入"公司属性表"

根据（2）的操作方法将其余三个 Excel 表"主表项目属性表""Table""资产负债表报表格式模板"依次导入。导入后编辑器左边的查询界面如图 5-3 所示。

图5-3　导入后编辑器左边的查询界面

第二步：清洗数据。
（1）清洗"Table"表。对已导入的"Table"数据表依次进行如下操作：
①删除列：选中"Table"表中的"Column6"列，右击选择【删除】，如图 5-4 所示。
②设置日期格式：选中"Table"表中的"会计期间"列，单击【　】图标，选择【日期】，如图 5-5 所示。
③设置文本格式：选中"Table"表中的"报表金额"列，单击图标【　】，选择【文本】，如图 5-6 所示。

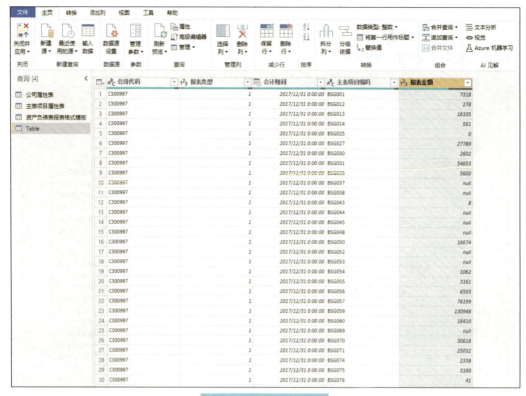

图5-4　删除列

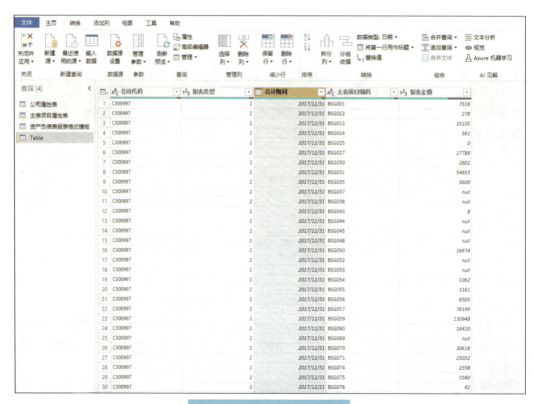

图5-5　设置日期格式

项目五 财务数据可视化综合应用

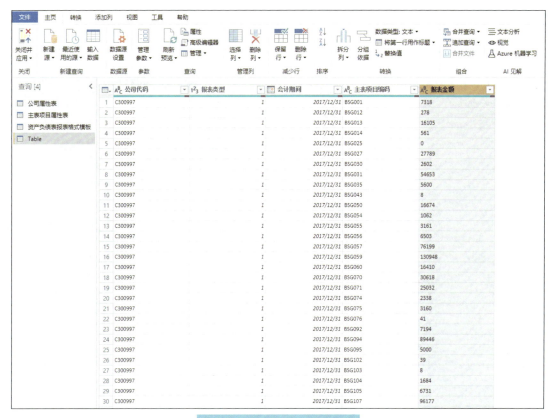

图5-6 设置文本格式

④替换值：选中"Table"表中的"报表金额"列，鼠标右击选择【替换值】，弹出"替换值"窗口，在"要查找的值"中，英文状态下输入单引号，然后单击【确定】，如图 5-7 所示。

图5-7 替换值窗口

⑤数值格式转换：选中"Table"表中的"报表金额"列，单击图标【 】，选择【小数】，如图 5-8 所示。

⑥重命名"Table"表名：双击"Table"表，重命名为"主表项目"（注：按照步骤操作），如图 5-9 所示。

131

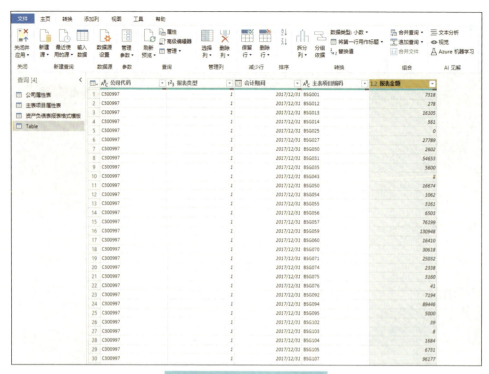

图5-8 设置数值格式

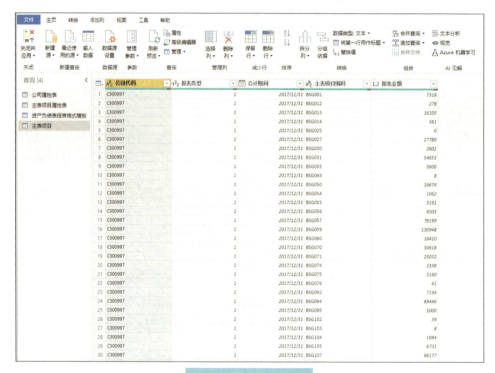

图5-9 重命名

（2）清洗"公司属性表"。对已导入的"公司属性表"进行如下操作：选择"公司属性表"，单击表格左上角的【 】图标，在下拉列表中选择【将第一行用作标题】，如图5-10所示。

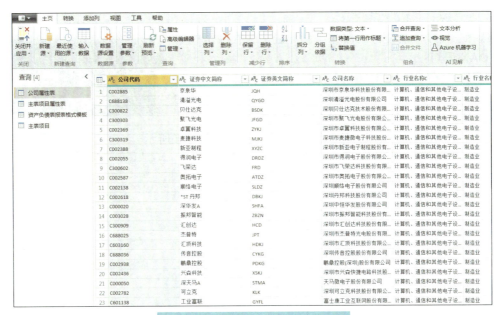

图5-10 将第一行用作标题

（3）加载并应用。单击上方的【主页】功能区，选择【关闭并应用】加载数据。

第三步：数据度量。

（1）新建"资产负债表指标"表。

选择【报表】视图，选择【主页】功能区，单击【输入数据】，在"创建表"界面中输入列名"指标"，列下数据分别输入"资产负债率""流动比率""速动比率"，名称输入"资产负债表指标"，最后单击【加载】按钮，如图5-11所示。

图5-11 新建"资产负债表指标"表

（2）新建"日历"表。

选择【建模】功能区，单击【新建表】，在编辑栏中输入 DAX 语句：

"日历表 = ADDCOLUMNS (CALENDAR (date(2007,1,1), date(2021,12,31))," 年 ", YEAR ([Date])," 季度 ", ROUNDUP (MONTH ([Date]) /3,0)," 月 ", MONTH ([Date]))"

注意：如果在粘贴语句时报错，多是由于空格的问题，可删除多余空格。

输入后，按【Enter】键或单击"√"确认，如图 5-12 所示。

图5-12 新建"日历"表

操作完毕后，在右边的【字段】下会显示六个字段，如图 5-13 所示。

第四步：数据建模。

（1）选择【模型视图】，进入数据关系页面，如图5-14所示。

（2）通过鼠标拖拽建立关系。依次建立如下关系：

①建立主表项目"会计期间"与日历表"Date"的关系。

②建立主表项目"主表项目编码"与主表项目属性表"项目编码"的关系。

③建立主表项目属性表"项目编码"与资产负债表报表格式模板"项目编码"的关系。

最终关系建立如图 5-15 所示。

图5-13 字段

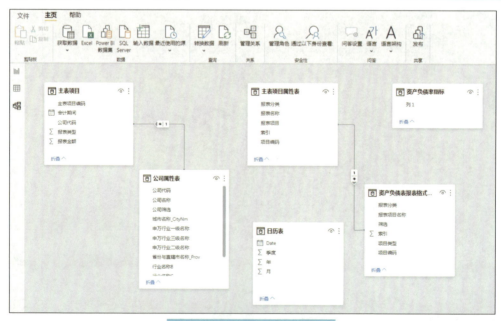

图5-14 数据关系页面

项目五 财务数据可视化综合应用

注意：如果有自动建立错误的关系连接，可以自行选择删除或修改。

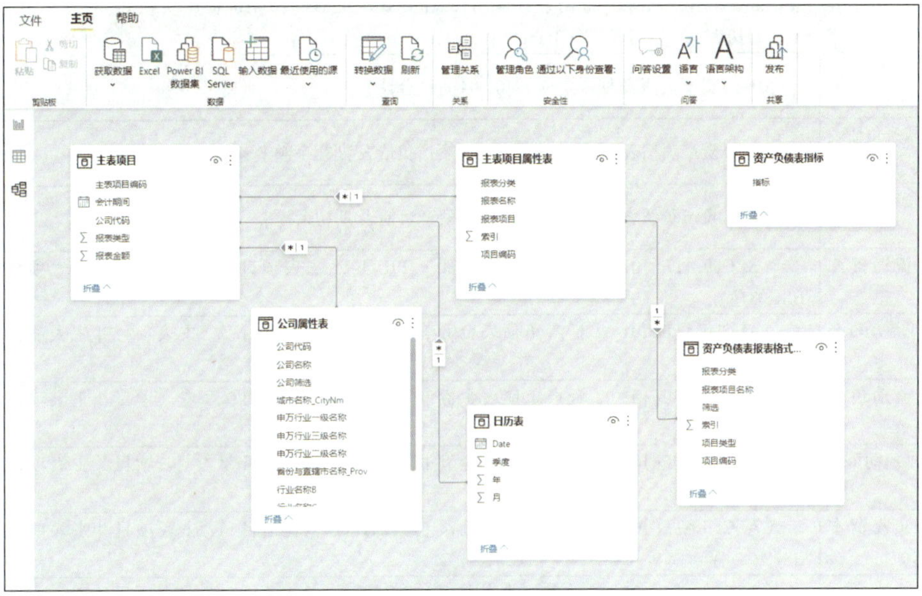

图5-15 最终数据关系页面

（3）新建"01-资产负债表度量"表。

选择【主页】功能区，单击【输入数据】，名称输入"01-资产负债表度量"，单击【加载】按钮。然后在右边【字段】窗口中选择"01-资产负债表度量"，选择【新建度量值】，新建表5-2中的22个度量值。

表5-2 新建度量值表

名 称	度量值 DAX 语句
01-01 资产负债表度量	= SUM(' 主表项目 '[报表金额])
01-02 资产负债表金额	= CALCULATE(var x = MAX(' 日历表 '[Date]) RETURN CALCULATE([01-01 资产负债表度量] , ' 日历表 '[Date] = x))
01-03 货币资金	= CALCULATE([01-02 资产负债表金额] , FILTER(' 主表项目 ' , ' 主表项目 '[主表项目编码] = "BSG001"))
01-04 资产合计	= CALCULATE([01-02 资产负债表金额] , FILTER(' 主表项目 ' , ' 主表项目 '[主表项目编码] = "BSG059"))
01-05 负债合计	= CALCULATE([01-02 资产负债表金额] , FILTER(' 主表项目 ' , ' 主表项目 '[主表项目编码] = "BSG107"))
01-06 所有者权益合计	= CALCULATE([01-02 资产负债表金额] , FILTER(' 主表项目 ' , ' 主表项目 '[主表项目编码] = "BSG125"))
01-07 资产合计（上年）	= CALCULATE([01-04 资产合计] , SAMEPERIODLASTYEAR(' 日历表 '[Date]))
01-08 负债合计（上年）	= CALCULATE([01-05 负债合计] , SAMEPERIODLASTYEAR(' 日历表 '[Date]))
01-09 所有者权益合计（上年）	= CALCULATE([01-06 所有者权益合计] , SAMEPERIODLASTYEAR(' 日历表 '[Date]))
01-10 资产负债表期末余额	= var x=SELECTEDVALUE(' 资产负债表报表格式模板 '[报表项目名称]) var y= SELECTEDVALUE(' 资产负债表报表格式模板 '[项目编码]) return SWITCH(TRUE(), x=" 货币资金 ", [01-03 货币资金], CALCULATE([01-02 资产负债表金额], ' 主表项目 '[主表项目编码]=y))

135

(续)

名　　称	度量值 DAX 语句
01-11 资产负债表 期初余额	= var reportyear=max('日历表'[年]) return CALCULATE([01-10 资产负债表 期末余额], FILTER(all('日历表'), '日历表'[年]=reportyear–1))
01-12 资产负债表 期末占比	= [01-10 资产负债表 期末余额] / [01-04 资产合计]
01-13 资产负债表 变动金额	= [01-10 资产负债表 期末余额] - [01-11 资产负债表 期初余额]
01-14 资产负债表 变动率	= [01-13 资产负债表 变动金额] / [01-11 资产负债表 期初余额]
01-15 流动资产 合计	= CALCULATE([01-02 资产负债表金额], FILTER('主表项目','主表项目'[主表项目编码] = "BSG031"))
01-16 非流动资产 合计	= CALCULATE([01-02 资产负债表金额], FILTER('主表项目','主表项目'[主表项目编码] = "BSG057"))
01-17 流动负债 合计	= CALCULATE([01-02 资产负债表金额], FILTER('主表项目','主表项目'[主表项目编码] = "BSG094"))
01-18 非流动负债 合计	= CALCULATE([01-02 资产负债表金额], FILTER('主表项目','主表项目'[主表项目编码] = "BSG105"))
01-19 实收资本 （或股本）	= CALCULATE([01-02 资产负债表金额], FILTER('主表项目','主表项目'[主表项目编码] = "BSG108"))
01-20 资本公积	= CALCULATE([01-02 资产负债表金额], FILTER('主表项目','主表项目'[主表项目编码] = "BSG113"))
01-21 投入资本	= [01-19 实收资本（或股本）] + [01-20 资本公积]
01-22 留存收益	= [01-06 所有者权益合计] – [01-21 投入资本]

（4）新建"02-文本分析"表。

选择【主页】功能区，单击【输入数据】，名称输入"02-文本分析"，单击【加载】按钮。然后在右边【字段】窗口中选择"02-文本分析"，选择【新建度量值】，新建表 5-3 中的 22 个度量值。

表5-3　新建度量值表

名　　称	度量值 DAX 语句
02-01 当前年度	= MAX('日历表'[年])
02-02 资产合计增长率	= DIVIDE([01-04 资产合计] – [01-07 资产合计（上年）], [01-07 资产合计（上年）])
02-03 流动资产合计（上年）	= CALCULATE([01-15 流动资产合计], SAMEPERIODLASTYEAR('日历表'[Date]))
02-04 流动资产占总资产比重	= [01-15 流动资产合计] / [01-04 资产合计]
02-05 流动资产占总资产比重（上年）	= [02-03 流动资产合计（上年）] / [01-07 资产合计（上年）]
02-06 非流动资产合计（上年）	= CALCULATE([01-16 非流动资产合计], SAMEPERIODLASTYEAR('日历表'[Date]))
02-07 非流动资产占总资产比重	= [01-16 非流动资产合计] / [01-04 资产合计]
02-08 非流动资产占总资产比重（上年）	= CALCULATE([02-07 非流动资产占总资产比重], SAMEPERIODLASTYEAR('日历表'[Date]))
02-09 流动资产项目比重第一	= var x = MAX('日历表'[Date]) RETURN CALCULATE(CALCULATE(MIN('主表项目属性表'[报表项目]),FILTER(VALUES('主表项目属性表'[报表项目]),RANKX(ALLEXCEPT('主表项目属性表','主表项目属性表'[报表分类]),CALCULATE(SUM('主表项目'[报表金额]),'日历表'[Date] = x))=1)),'主表项目属性表'[报表分类]="流动资产")

（续）

名　　称	度量值 DAX 语句
02-10 流动资产项目比重第一占比	= var x = MAX('日历表'[Date]) var a=CALCULATE(CALCULATE(MIN('主表项目属性表'[项目编码]),FILTER(VALUES('主表项目属性表'[项目编码]),RANKX(ALLEXCEPT('主表项目属性表','主表项目属性表'[报表分类]),CALCULATE(SUM('主表项目'[报表金额]),'日历表'[Date] = x))=1)),'主表项目属性表'[报表分类]=" 流动资产 ") return DIVIDE(CALCULATE([01-02 资产负债表金额],'主表项目属性表'[项目编码]=a),[01-15 流动资产合计])
02-11 非流动资产项目比重第一	= var x = MAX('日历表'[Date]) RETURN CALCULATE(CALCULATE(MIN('主表项目属性表'[报表项目]),FILTER(VALUES('主表项目属性表'[报表项目]),RANKX(ALLEXCEPT('主表项目属性表','主表项目属性表'[报表分类]),CALCULATE(SUM('主表项目'[报表金额]),'日历表'[Date] = x))=1)),'主表项目属性表'[报表分类]=" 非流动资产 ")
02-12 非流动资产项目比重第一占比	= var x = MAX('日历表'[Date]) var a=CALCULATE(CALCULATE(MIN('主表项目属性表'[项目编码]),FILTER(VALUES('主表项目属性表'[项目编码]),RANKX(ALLEXCEPT('主表项目属性表','主表项目属性表'[报表分类]),CALCULATE(SUM('主表项目'[报表金额]),'日历表'[Date] = x))=1)),'主表项目属性表'[报表分类]=" 非流动资产 ") return DIVIDE(CALCULATE([01-02 资产负债表金额],'主表项目属性表'[项目编码]=a),[01-16 非流动资产合计])
02-13 流动资产项目比重第二	= var x = MAX('日历表'[Date]) RETURN CALCULATE(CALCULATE(MIN('主表项目属性表'[报表项目]),FILTER(VALUES('主表项目属性表'[报表项目]),RANKX(ALLEXCEPT('主表项目属性表','主表项目属性表'[报表分类]),CALCULATE(SUM('主表项目'[报表金额]),'日历表'[Date] = x))=2)),'主表项目属性表'[报表分类]=" 流动资产 ")
02-14 流动资产项目比重第二占比	= var x = MAX('日历表'[Date]) var a=CALCULATE(CALCULATE(MIN('主表项目属性表'[项目编码]),FILTER(VALUES('主表项目属性表'[项目编码]),RANKX(ALLEXCEPT('主表项目属性表','主表项目属性表'[报表分类]),CALCULATE(SUM('主表项目'[报表金额]),'日历表'[Date] = x))=2)),'主表项目属性表'[报表分类]=" 流动资产 ") return DIVIDE(CALCULATE([01-02 资产负债表金额],'主表项目属性表'[项目编码]=a),[01-15 流动资产合计])
02-15 非流动资产项目比重第二	= var x = MAX('日历表'[Date]) RETURN CALCULATE(CALCULATE(MIN('主表项目属性表'[报表项目]),FILTER(VALUES('主表项目属性表'[报表项目]),RANKX(ALLEXCEPT('主表项目属性表','主表项目属性表'[报表分类]),CALCULATE(SUM('主表项目'[报表金额]),'日历表'[Date] = x))=2)),'主表项目属性表'[报表分类]=" 非流动资产 ")
02-16 非流动资产项目比重第二占比	= var x = MAX('日历表'[Date]) var a=CALCULATE(CALCULATE(MIN('主表项目属性表'[项目编码]),FILTER(VALUES('主表项目属性表'[项目编码]),RANKX(ALLEXCEPT('主表项目属性表','主表项目属性表'[报表分类]),CALCULATE(SUM('主表项目'[报表金额]),'日历表'[Date] = x))=2)),'主表项目属性表'[报表分类]=" 非流动资产 ") return DIVIDE(CALCULATE([01-02 资产负债表金额],'主表项目属性表'[项目编码]=a),[01-16 非流动资产合计])
02-17 流动资产前两大项目占比合计	= [02-10 流动资产项目比重第一占比] + [02-14 流动资产项目比重第二占比]
02-18 非流动资产前两大项目占比合计	= [02-12 非流动资产项目比重第一占比] + [02-16 非流动资产项目比重第二占比]
02-19 流动资产增减判断	= IF([01-15 流动资产合计] > [02-03 流动资产合计（上年）]," 增加 ", IF([01-15 流动资产合计] = [02-03 流动资产合计（上年）],"无变化"," 减少 "))
02-20 流动资产比重增减判断	= IF([02-04 流动资产占总资产比重] > [02-05 流动资产占总资产比重（上年）] , " 增加 ", IF([02-04 流动资产占总资产比重] = [02-05 流动资产占总资产比重（上年）],"无变化"," 减少 "))
02-21 非流动资产增减判断	= IF([01-16 非流动资产合计] > [02-06 非流动资产合计（上年）]," 增加 ", IF([01-16 非流动资产合计] = [02-06 非流动资产合计（上年）],"无变化"," 减少 "))
02-22 非流动资产比重增减判断	= IF([02-07 非流动资产占总资产比重] > [02-08 非流动资产占总资产比重（上年）] , " 增加 ", IF([02-07 非流动资产占总资产比重] = [02-08 非流动资产占总资产比重（上年）],"无变化"," 减少 "))

（5）新建"03-指标及均值"表。

选择【主页】功能区，单击【输入数据】，名称输入"03- 指标及均值"，单击【加载】按钮。然后在右边【字段】窗口中选择"03- 指标及均值"，选择【新建度量值】，新建表 5-4 中的 9 个度量值。

表5-4 新建度量值表

名 称	度量值DAX语句
03-01 资产负债率	= [01-05 负债合计] / [01-04 资产合计]
03-02 流动比率	= [01-15 流动资产合计] / [01-16 非流动资产合计]
03-03 速动资产	= [01-15 流动资产合计] –(CALCULATE([01-02 资产负债表金额]，FILTER('主表项目'，'主表项目'[主表项目编码] = "BSG027"))) //存货 –(CALCULATE([01-02 资产负债表金额]，FILTER('主表项目'，'主表项目'[主表项目编码] = "BSG014"))) //预付款项
03-04 速动比率	= [03-03 速动资产] / [01-17 流动负债合计]
03-05 资产负债表指标	= SWITCH(TRUE(), SELECTEDVALUE('资产负债表指标'[指标])="资产负债率",[03-01 资产负债率], SELECTEDVALUE('资产负债表指标'[指标])="流动比率",[03-02 流动比率], SELECTEDVALUE('资产负债表指标'[指标])="速动比率",[03-04 速动比率])
03-06 申万行业三级公司数量	= var x=max('日历表'[Date]) return CALCULATE(CALCULATE(DISTINCTCOUNT('主表项目'[公司代码]),values('公司属性表'[申万行业三级名称]),ALLEXCEPT('公司属性表'，'公司属性表'[申万行业三级名称])),'日历表'[Date]=x)
03-07 申万行业三级项目金额均值	= DIVIDE(CALCULATE([01-10 资产负债表 期末余额],VALUES('公司属性表'[申万行业三级名称]),ALLEXCEPT('公司属性表'，'公司属性表'[申万行业三级名称])),[03-06 申万行业三级公司数量])
03-08 申万行业三级项目金额均值（上年）	= CALCULATE([03-07 申万行业三级项目金额均值]，SAMEPERIODLASTYEAR('日历表'[Date]))
03-09 申万行业三级项目金额均值变化率	= ([03-07 申万行业三级项目金额均值]–[03-08 申万行业三级项目金额均值（上年）]) / [03-08 申万行业三级项目金额均值（上年）]

第五步：数据可视化。

1. 报表页面

（1）报表页面设置。

① 设置页面大小。选择【报表视图】，进入报表界面，选择位于【可视化】下方、搜索框上方的第二个图标【 】，即【格式】，打开【页面大小】，在【类型】下拉列表中选择【自定义】，再调整页面大小，宽度输入 1920 像素，高度输入 1080 像素，如图 5-16 所示。操作完折叠【页面大小】。

② 对报表重命名。双击该页面底下的名称【第1页】，重命名为【报表】。

③ 添加映像。鼠标选择【页面背景】，单击【添加映像】，选择本地数据源中的"背景图"，单击【打开】，然后设置背景参数，将【透明度】调至"0"，【图像匹配度】选择"匹配度"，然后选择上方的【视图】功能区，在【页面视图】下拉列表中选择【适应宽度】，如图 5-17 所示。

图5-16 自定义页面大小

（2）创建视觉对象"文本框"：页面表头。

① 选择上方的【插入】功能区，单击【文本框】，在插入的文本框内输入文本"资产负债表"。

② 设置属性：字体颜色为"白色"、字号为 20。

> 注意：用鼠标拖住文本框上方的"…"可以移动文本框的位置，拖拽文本框的边框可以调整大小。

③ 背景的透明度设置为 100%（或直接将背景关闭）。操作后的效果如图 5-18 所示。

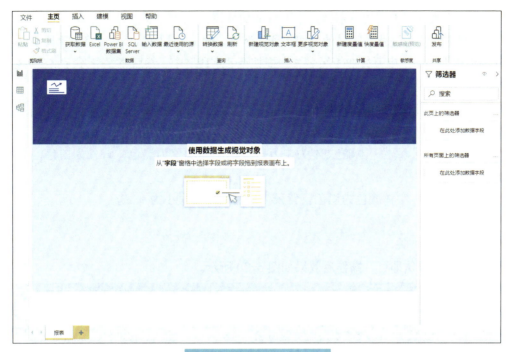

图5-17 添加映像

图5-18 创建页面表头

（3）创建视觉对象"切片器"：时间切片器。

①选择右侧【可视化】区域的"切片器"选项，即【▭】图标，然后将【字段】区域中"日历表"中的"年"拖拽至"字段"中。

②单击切片器右上角的箭头图标，在下拉列表中选择"列表"。

③调整格式：

【常规】属性：轮廓线颜色改为 #605E5C，方向为水平。

【切片器标头】属性：关。

【项目】属性：文本大小 18 磅。

【背景】属性：关。

其他设置为默认即可。拖拽"年"到筛选器"此页上的筛选器"添加位置，筛选类型为"基本筛选"，勾选"2017、2018、2019、2020、2021"5个年份，时间切片器放置在右上角区域，操作后的时间切片器如图 5-19 所示。

图5-19 创建时间切片器

（4）创建视觉对象"切片器"：申万行业切片器。

①选择右侧【可视化】区域的"切片器"选项，即【 】图标，然后将【字段】区域中"公司属性表"中的"申万行业三级名称"拖拽至"字段"中，然后将"申万行业三级名称"重命名为"申万行业"。

②单击切片器右上角的箭头图标，在下拉列表中选择"下拉"。

③调整格式：

【切片器标头】属性：标题文本为申万行业，字体颜色为黑色，背景为白色，文本大小为18磅。

【项目】属性：字体颜色为黑色，背景为白色，文本大小为18磅。

【标题】属性：关。

【背景】属性：关。

其他设置为默认即可。操作后效果如图5-20所示。

图5-20 创建行业切片器

（5）创建视觉对象"切片器"：公司切片器。

①选择右侧【可视化】区域的"切片器"选项，即【 】图标，然后将【字段】区域中"公司属性表"中的"公司筛选"拖拽至"字段"中，然后将"公司筛选"重命名为"公司"。

②单击切片器右上角的箭头图标，在下拉列表中选择"下拉"。

③调整格式：

【切片器标头】属性：标题文本为公司，字体颜色为黑色，背景为白色，文本大小为18磅。

【项目】属性：字体颜色为黑色，背景为白色，文本大小为18磅。

【标题】属性：关。

【背景】属性：关。

其他设置为默认即可。操作后效果如图5-21所示。

图5-21 创建公司切片器

（6）创建视觉对象"表"。

①选择【插入】功能区，单击【形状】，选择【矩形】，填充颜色选择白色，拖动调整大小。

②选择【插入】功能区，单击【文本框】，在插入的文本框内输入文本"合并资产负债表"。字体大小设置为20磅，颜色为黑色，加粗。

③ 选择右边【可视化】功能区的"表"选项，即【⊞】图标。在"合并资产负债表"区域内创建两个表：左表与右表。

④ 设置表格数据。左表：首先将【字段】区域中"资产负债表报表格式模板"中的"报表项目名称"和"索引"拖拽至"值"中，其次将【字段】区域中"01-资产负债表度量"中的"01-10资产负债表期末余额"和"01-11资产负债表期初余额"拖拽至"值"中，分别按顺序重命名为"资产""序号""期末余额""上年年末余额"。

右表：首先将【字段】区域中"资产负债表报表格式模板"中的"报表项目名称"和"索引"拖拽至"值"中，其次将【字段】区域中"01-资产负债表度量"中的"01-10资产负债表期末余额"和"01-11资产负债表期初余额"拖拽至"值"中，分别按顺序重命名为"负债和所有者权益（或股东权益）""序号""期末余额""上年年末余额"。

⑤ 分别对左表和右表进行如下设置：

将"资产负债表报表格式模板"下的"项目类型"拖拽至"此视觉对象上的筛选器"，筛选类型勾选为"基本筛选"，左表选择"资产"，右表选择"负债和所有者权益"。

⑥ 调整格式：

【网格】属性：水平网格颜色为黑色，行填充为6，轮廓线颜色为白色。

【列标题】属性：字体颜色为白色，背景颜色为黑色，对齐方式为居中。

操作后效果如图5-22所示。

图5-22 创建"合并资产负债表"

（7）创建视觉对象"表"。

① 选择上方的【插入】功能区，单击【形状】，选择【矩形】，填充颜色选择白色，拖动调整大小。

② 选择上方的【插入】功能区，单击【文本框】，在插入的文本框内输入文本"报表

项目本期占比及变动情况"。字体大小设置为20磅，颜色为黑色，加粗。

③ 选择右边【可视化】区域的"表"选项，即【▦】图标。在"报表项目本期占比及变动情况"区域内创建一个表。

④ 设置表格数据：首先将【字段】区域中"资产负债表报表格式模板"中的"报表项目名称"和"索引"拖拽至"值"中，其次将【字段】区域中"01-资产负债表度量"中的"01-12资产负债表期末占比""01-13资产负债表变动金额""01-14资产负债表变动率"拖拽至"值"中，分别按顺序重命名为"报表项目""序号""本期金额占比""报表项目变动金额""报表项目变动率"。

⑤ 调整格式：

【网格】属性：水平网格颜色为黑色，行填充为6，轮廓线颜色为白色。

【列标题】属性：字体颜色为白色，背景颜色为黑色，对齐方式为居中。

操作后效果如图5-23所示。

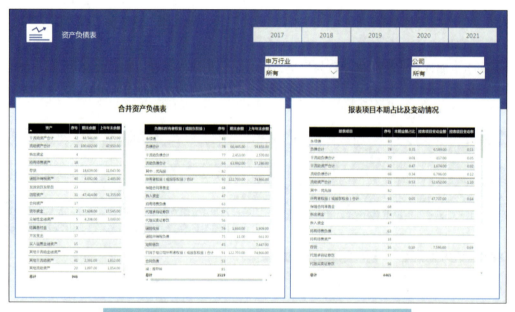

图5-23　创建"报表项目本期占比及变动情况"表

⑥ 选择右侧【可视化】区域的"切片器"选项，即【▦】图标，然后将【字段】区域中"资产负债表报表格式模版"中的"报表分类"拖拽至"字段"中，将"资产负债表报表格式模板"下的"报表分类"拖拽至"此视觉对象上的筛选器"，筛选类型勾选为"非流动负债""非流动资产""流动负债""流动资产"，单击切片器右上角的箭头图标，在下拉列表中选择"下拉"。

⑦ 调整格式：

【切片器标头】属性：关。

其他设置为默认即可。操作后效果如图5-24所示。

（8）创建视觉对象"KPI"：资产。

① 资产指标设置：选择右侧【可视化】区域的"KPI"选项，即【▦】图标，然后将【字段】区域中"01-资产负债表度量"中的"01-04资产合计"

图5-24　切片器

拖拽至"指标"中,将"01-资产负债表度量"下的"01-07资产合计(上年)"拖拽至"目标值"中,将【字段】区域中"日历表"中的"年"拖拽至"走向轴"中。

② 调整格式:

【指标】属性:显示单位为无,文本大小为20磅,图标大小为12磅。

【目标】属性:标签为上年,字体颜色为白色,文本大小为12磅,标签字体颜色为白色,文本大小为12磅。

【标题】属性:标题文本为资产,字体颜色为白色,背景颜色为无填充,对齐方式为居中,文本大小为14磅。

【背景】属性:关。

其他设置为默认即可。选中时间切片器中的2020年,则操作后效果如图5-25所示。

(9)创建视觉对象"KPI":负债。

① 资产指标设置:选择右侧【可视化】区域的"KPI"选项,即【■】图标,然后将【字段】区域中"01-资产负债表度量"中的"01-05负债合计"拖拽至"指标"中,将"01-资产负债表度量"下的"01-08负债合计(上年)"拖拽至"目标值"中,将【字段】区域中"日历表"中的"年"拖拽至"走向轴"中。

② 调整格式:

【指标】属性:显示单位为无,文本大小为20磅,图标大小为12磅。

【目标】属性:标签为上年,字体颜色为白色,文本大小为12磅,标签字体颜色为白色,文本大小为12磅。

【标题】属性:标题文本为负债,字体颜色为白色,背景颜色为无填充,对齐方式为居中,文本大小为14磅。

【背景】属性:关。

其他设置为默认即可。选中时间切片器中的2020年,则操作后效果如图5-26所示。

图5-25 资产KPI

图5-26 负债KPI

(10)创建视觉对象"KPI":所有者权益。

① 资产指标设置:选择右侧【可视化】区域的"KPI"选项,即【■】图标,然后将【字段】区域中"01-资产负债表度量"中的"01-06所有者权益合计"拖拽至"指标"中,将"01-资产负债表度量"下的"01-09所有者权益合计(上年)"拖拽至"目标值"中,将【字段】区域中"日历表"中的"年"拖拽至"走向轴"中。

② 调整格式:

【指标】属性:显示单位为无,文本大小为20磅,图标大小为12磅。

【目标】属性:标签为上年,字体颜色为白色,文本大小为12磅,标签字体颜色为白色，文本大小为 12 磅。

【标题】属性：标题文本为所有者权益（或股东权益），字体颜色为白色，背景颜色为无填充，对齐方式为居中，文本大小为 14 磅。

【背景】属性：关。

其他设置为默认即可。选中时间切片器中的 2020 年，则操作后效果如图 5-27 所示。

图5-27　所有者权益KPI

由于案例中的欢乐家食品集团股份有限公司属于软饮料行业，将申万行业筛选为"软饮料"，公司选择为"欢乐家"，最终呈现效果如图 5-28 所示。

图5-28　报表页面

说明：上述报表页面右上角可以选择不同年份，报表项目也可以选择不同的内容，选定好以后，报表数据及变动情况、KPI指标等都会自动更新。

2. 分析页面

（1）分析页面设置。

复制报表页。鼠标选择左边底下的报表，右键选择【复制页】，修改第二页下方名称为"分析"，复制页面后需要删除不需要的对象，删除表、矩形、文本等，整理后的效果如图 5-29 所示。

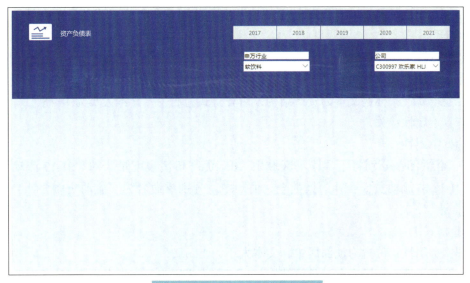

图5-29 创建分析页面

（2）创建视觉对象：饼图。

①选择【插入】功能区，单击【形状】，选择【矩形】，填充颜色选择白色。拖动调整大小。

②选择右边【可视化】区域的"饼图"选项，即【 ◉ 】图标。在白色矩形区域内创建四个饼图。操作后效果如图5-30所示。

注意：单击空白区域，取消上一个指标对象的选中后，再单击图标生成下一个指标对象。

图5-30 创建四个饼图

③分别给四个饼图设置数据：

第一个饼图：分别将【字段】区域中"01-资产负债表度量"的"01-05 负债合计""01-06 所有者权益合计"拖拽至"值"中，分别重命名为"负债合计""所有者权益合计"。

调整格式：

【图例】属性：位置为顶部居中，文本大小为12磅。

【标题】属性：标题文本为总体结构，对齐方式为居中，文本大小为14磅。

【背景】属性：关。

【边框】属性：开。

第二个饼图：分别将【字段】区域中"01-资产负债表度量"的"01-15 流动资产合

计""01-16非流动资产合计"拖拽至"值"中，分别重命名为"流动资产合计""非流动资产合计"。

调整格式：

【图例】属性：位置为顶部居中，文本大小为12磅。

【标题】属性：标题文本为资产结构，对齐方式为居中，文本大小为14磅。

【背景】属性：关。

【边框】属性：开。

第三个饼图：分别将【字段】区域中"01-资产负债表度量"的"01-17流动负债合计""01-18非流动负债合计"拖拽至"值"中，分别重命名为"流动负债合计""非流动负债合计"。

调整格式：

【图例】属性：位置为顶部居中，文本大小为12磅。

【标题】属性：标题文本为负债结构，对齐方式为居中，文本大小为14磅。

【背景】属性：关。

【边框】属性：开。

第四个饼图：分别将【字段】区域中"01-资产负债表度量"的"01-21投入资本""01-22留存收益"拖拽至"值"中，分别重命名为"投入资本""留存收益"。

调整格式：

【图例】属性：位置为顶部居中，文本大小为12磅。

【详细信息】属性：显示单位为无。

【标题】属性：标题文本为权益结构，对齐方式为居中，文本大小为14磅。

【背景】属性：关。

【边框】属性：开。

四个饼图设置完毕后效果如图5-31所示。

图5-31 饼图效果

（3）创建视觉对象：DataStory。

①导入视觉对象。选择【可视化】区域的"…"，打开【获取更多视觉对象】列表，选择【从文件导入视觉对象】，在弹出的提示框中，选择【导入】，获取本地文件，选择"DataStory.pbiviz"文件，选择【打开】，等待导入成功，最后单击【确定】按钮。

②选择上方的【插入】功能区，单击【形状】，选择【矩形】，填充颜色选择白色，拖动调整大小。

③插入新添加的"DataStory"视觉对象。分别拖拽"01-资产负债表度量""02-文本分析""公司属性表"中相关字段至"DataValues"处，共计拖入27个字段，具体见表5-5。

表5-5　需要拖拽的27个字段

字　　段	度　量　值
01-资产负债表度量	01-04资产合计
	01-07资产合计（上年）
	01-15流动资产合计
	01-16非流动资产合计
02-文本分析	02-01当前年度
	02-02资产合计增长率
	02-03流动资产合计（上年）
	02-19流动资产增减判断
	02-05流动资产占总资产比重（上年）
	02-20流动资产比重增减判断
	02-04流动资产占总资产比重
	02-06非流动资产合计（上年）
	02-21非流动资产增减判断
	02-08非流动资产占总资产比重（上年）
	02-22非流动资产比重增减判断
	02-07非流动资产占总资产比重
	02-09流动资产项目比重第一
	02-10流动资产项目比重第一占比
	02-13流动资产项目比重第二
	02-14流动资产项目比重第二占比
	02-17流动资产前两大项目占比合计
	02-11非流动资产项目比重第一
	02-12非流动资产项目比重第一占比
	02-15非流动资产项目比重第二
	02-16非流动资产项目比重第二占比
	02-18非流动资产前两大项目占比合计
公司属性表	申万行业三级名称

④ 调整格式：

【Story】属性：字体大小为15磅，对齐方式为左对齐，Text中输入"#年#总体资产总额#元，与上一年#元相比，增长率为#；其中流动资产从#元#到#元，流动资产占总资产比重从##到#；非流动资产从#元#到#元，非流动资产占总资产比重从##到#。流动资产中占比最大的项目为#，占流动资产合计比重为#；占比第二大的项目为#，占流动资产合计比重为#；前两大项目共占流动资产合计的#。非流动资产中占比最大的项目为#，占非流动资产合计比重为#；占比第二大的项目为#，占非流动资产合计比重为#；前两大项目共占非流动资产合计的#。"

【Data】属性：字体大小为15磅，显示单位为无。

【标题】属性：标题文本为资产结构特征分析，字体颜色为白色，背景色为黑色，对齐方式为居中对齐，文本大小为20磅。

【背景】属性：关。

【边框】属性：开。

进入【模型视图】页面，将"02-文本分析"字段中的度量值设置成统一格式，将"02-02""02-04""02-05""02-07""02-08""02-10""02-12""02-14""02-16""02-17""02-18"等度量值的格式均设置为"百分比"，保留两位小数。操作后的效果如图5-32所示。

（4）创建视觉对象：折线图。

① 选择【插入】功能区，单击【形状】，选择【矩形】，填充颜色选择白色，拖动调整大小。

② 选择右侧【可视化】区域的"切片器"选项，即【￼】图标，然后将【字段】区域中"资产负债表指标"中的"指标"拖拽至"字段"中，切片器样式选择"下拉"，并选择其中的"资产负债率"，【切片器标头】设置为"关"。

③ 选择右边【可视化】区域的"折线图"选项，即【￼】图标，将折线图放置在白色矩形中，然后将【字段】区域中"日历表"中的"年"拖拽至"轴"中，将"03- 指标及均值"中的"03-05 资产负债表指标"拖拽至"值"中，最后将"03-05 资产负债表指标"重命名为"资产负债率"。

④ 调整格式：

【数据标签】属性：开，值的小数位为 4。

【标题】属性：标题文本为资产负债表指标，对齐方式为居中，文本大小为 14 磅。

【背景】属性：关。

【边框】属性：开。

操作后的效果如图 5-33 所示。

图5-32　DataStory效果

图5-33　折线图效果

（5）创建视觉对象：折线和簇状柱形图。

① 选择【插入】功能区，单击【形状】，选择【矩形】，填充颜色选择白色，拖动调整大小。

② 选择【可视化】区域下方的"切片器"选项，即【￼】图标，然后将【字段】区域中"资产负债表报表格式模板"中的"筛选"拖拽至"字段"中，切片器样式选择"下拉"，并选择其中的"存货"，【切片器标头】设置为关。

③ 选择【可视化】区域下方的"折线和簇状柱形图"选项，即【￼】图标，将折线和簇状柱形图放置在白色矩形当中，然后将【字段】区域中"日历表"中的"年"拖拽至"共享轴"中，将"03- 指标及均值"中的"03-07 申万行业三级项目金额均值"拖拽至"列值"中，将"03-09 申万行业三级项目金额均值变化率"拖拽至"行值"中，最后将"03-07 申

万行业三级项目金额均值""03-09 申万行业三级项目金额均值变化率"分别重命名为"金额均值""变化率"。

④ 调整格式：

【数据标签】属性：开，值的小数位为 4，标签密度为 50%。

【标题】属性：标题文本为均值变化情况，对齐方式为居中，文本大小为 14 磅。

【背景】属性：关。

【边框】属性：开。

操作后的效果如图 5-34 所示。

最终分析页面呈现效果如图 5-35 所示。

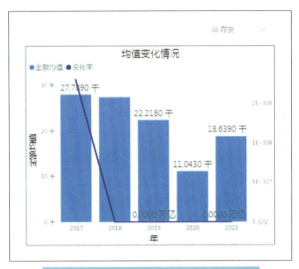

图5-34　折线和簇状柱形图效果

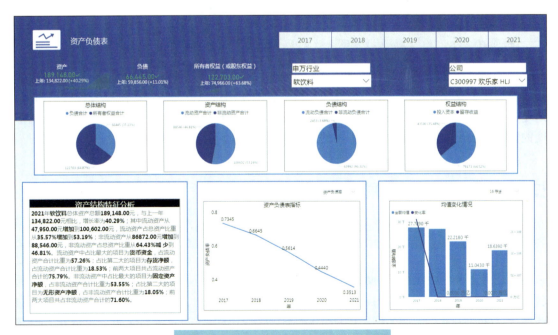

图5-35　最终分析页面呈现效果

说明：上述分析页面右上角可以选择不同年份，资产负债表指标、报表项目也可以选择不同的内容，选定好以后，饼图、资产结构特征分析、折线图、折线和簇状柱形图等都会自动更新。

3. 分析

通过初步阅读欢乐家食品集团股份有限公司的"报表"和"分析"两个内容，可以对公司的资产负债表进行结构分析与结构占比分析。

（1）资产负债表结构分析。

总体结构：2021年公司负债和所有者权益的期末金额分别为66445万元和122703万元，期末占资产合计比分别为35.13%和64.87%，增长率分别为11.00%和64.00%。

资产结构：2021年流动资产和非流动资产的期末金额分别为100602万元和88546万元，期末占资产合计比分别为53.19%和46.81%，增长率分别为1.10%和0.02%。

负债结构：2021年流动负债和非流动负债的期末余额分别为63992万元和2453万元，期末占资产合计比分别为96.31%和3.69%，增长率分别为0.12%和–0.05%。

因此，公司2021年资本来源渠道负债金额小于所有者权益金额，公司资产中流动资产产值较大，公司负债中流动负债占据绝对地位，占比96%多。公司2021年资产负债率为35.13%，资本结构较为稳健。

（2）资产负债表结构占比分析。

主要资产结构数据：公司2021年流动资产中占比第一和第二的项目分别是货币资金和存货，占流动资产合计比重分别为57.26%和18.53%，公司资产流动性很高，资金充裕，有很大的扩张潜力，应多关注货币资金的去向；应收账款会占用公司流动资金，需要加强对应收账款回款情况的关注。非流动资产中占比第一和第二的项目分别是固定资产和无形资产，占非流动资产合计比重分别为53.55%和18.05%。

主要负债项目数据：公司2021年流动负债中占比第一和第二的项目分别是应付账款和应付票据，占流动负债合计比重分别为35.94%和22.73%。

[任务小结]

本任务讲解了如何对资产负债表进行可视化设计与应用，将原始的企业历年资产负债表的数据非常直观地展现出来，另外切片器工具的使用可以方便用户多维度查看数据内容，这是非常便捷的。同学们在学习与操作的过程中要结合企业实际情况进行可视化设计，不同的图表反映出的内容与效果是不同的，因此需要多加练习、思考。

任务二　财务指标可视化设计

◆ 学习目标 ◆

本任务主要介绍运用Power BI进行可视化的综合应用，即财务指标可视化设计，要求学生熟悉财务指标的基本内容，理解偿债能力、营运能力、盈利能力与发展能力各项财务指标之间的关系，掌握如何运用Power BI进行财务指标的分析与应用，对企业的财务状况和经营成果进行总结与评价，帮助企业制定正确的经济决策。

项目五 财务数据可视化综合应用

[任务情境]

承接任务一中的欢乐家食品集团股份有限公司的案例数据,请你运用 Power BI 对欢乐家食品集团股份有限公司的各项财务指标进行分析,包括偿债能力、营运能力、盈利能力与发展能力四个方面。(由于数据表格较多,此处不一一画图展示,实操的数据见演示案例资料包。)

[知识导图]

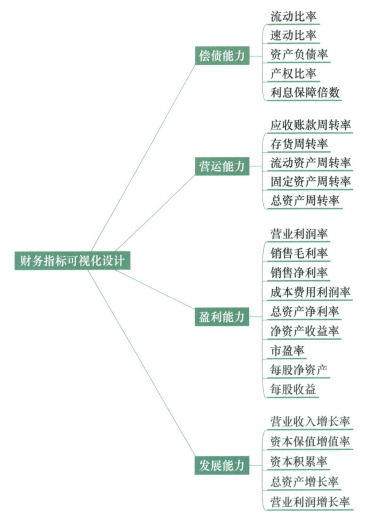

[基础知识]

任务情境的问题是进行财务指标可视化设计,要想解决这一问题,首先要了解企业财务分析包括偿债能力、营运能力、盈利能力与发展能力的各项财务指标的具体内容,其次要运用之前所学的 Power BI 的相关操作对财务指标进行可视化整个流程的设计,最后对财务指标进行综合分析与评价。

财务指标基础知识在项目三任务五中有进行介绍,具体财务指标内容可以参考表 3-25。

[操作工具]

上述欢乐家食品集团股份有限公司的案例中需要搜集该公司历年的资产负债表数据,运用 Power BI 进行可视化设计。本任务分别需要完成数据导入、数据清洗、数据建模、数据度量与数据可视化五个步骤的操作。

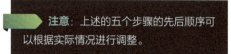

注意:上述的五个步骤的先后顺序可以根据实际情况进行调整。

[操作步骤]

下面以任务情境中欢乐家食品集团股份有限公司的问题为例,运用 Power BI 进行财务指标的可视化设计。

操作步骤如下:

双击 Power BI Desktop 图标,进入主界面。

第一步:导入数据。

(1)单击主界面【主页】功能区,单击【转换数据】下拉列表,选择其中的【转换数据】进入"Power Query 编辑器 (查询编辑器)"的界面。

(2)单击编辑器【主页】功能区,单击【新建源】下拉列表,选择【Excel 工作簿】,选择本地文件"主表项目"后,在弹出的【导航器】界面中,在【Table】前的方框中打钩,最后单击【确定】按钮,如图 5-36 所示。

图 5-36 导入"主表项目"

根据（2）的操作方法将其余的三个 Excel 表——"主表项目属性表""公司属性表""财务指标"依次导入。导入后编辑器左边的查询界面如图 5-37 所示。

图5-37 导入后的查询界面

第二步：清洗数据。

（1）清洗"Table"。对已导入的"Table"表依次进行如下操作。

① 删除列：选择"Table"中的"Column6"列，鼠标右击选择【删除】，操作后效果如图 5-38 所示。

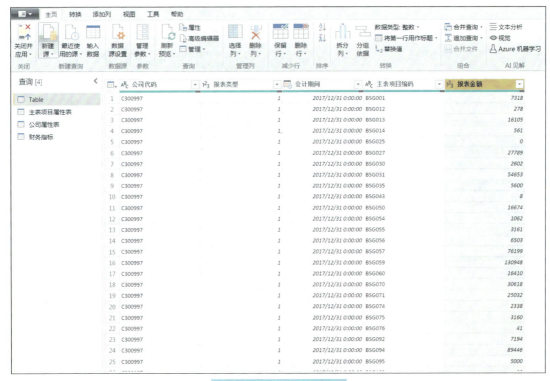

图5-38 删除列

② 设置日期格式：选择"Table"中的"会计期间"列，单击【　】图标，选择【日期】格式，如图 5-39 所示。

③ 设置文本格式：选择"Table"中的"报表金额"列，单击【　】图标，选择【文本】，如图 5-40 所示。

④ 替换值：选择"Table"中的"报表金额"列，鼠标右击选择【替换值】，弹出"替换值"窗口，在"要查找的值"中，英文状态下输入单引号，然后单击【确定】，如图 5-41 所示。

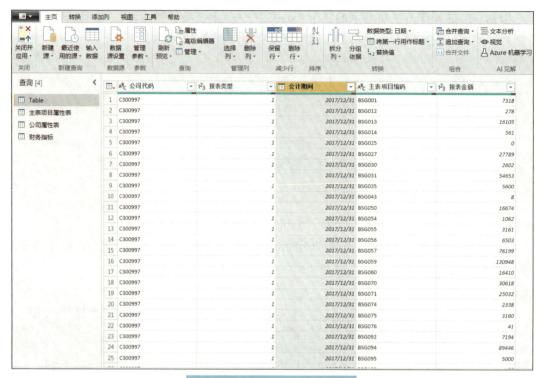

图5-39 设置日期格式

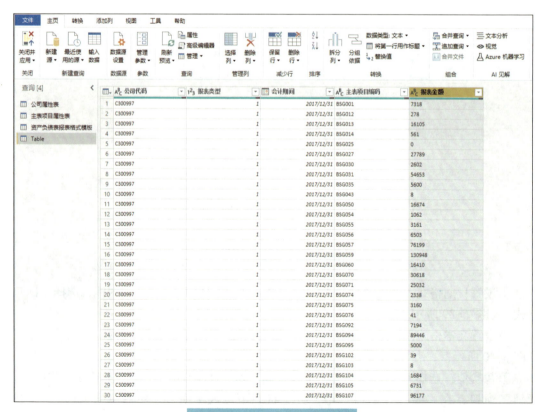

图5-40 设置文本格式

图5-41 替换值窗口

⑤设置数值格式：选择"Table"中的"报表金额"列，单击【$^{A}_{C}$】图标，选择【小数】，如图5-42所示。

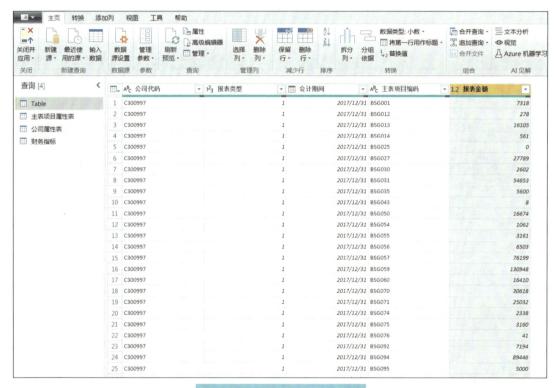

图5-42 设置数值格式

⑥重命名"Table"表名：双击"Table"，重命名为"主表项目"，如图5-43所示。

（2）清洗"公司属性表"。将第一行用作标题：选择"公司属性表"，单击表格左上角的【▦】图标，在下拉列表中选择【将第一行用作标题】，如图5-44所示。

（3）清洗"财务指标"。确认各列数据类型是否正确："序号"列为整数类型，其他列均为文本类型。确认无误，清洗完毕。

（4）清洗"主表项目属性表"。确认各列数据类型是否正确："索引"列为整数类型，其他列均为文本类型。确认无误，清洗完毕。

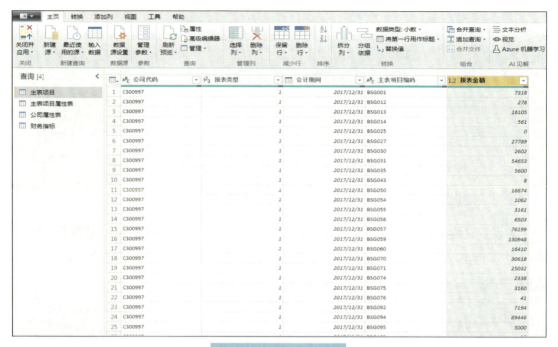

图5-43 重命名

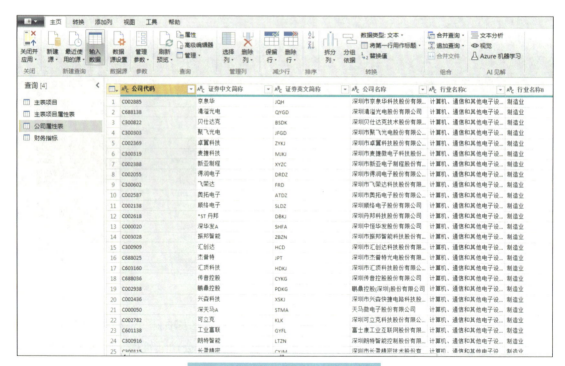

图5-44 将第一行用作标题

（5）加载并应用。单击编辑器【主页】功能区，选择【关闭并应用】加载数据，完成后进入 Power BI Desktop 界面。

第三步：数据建模。

（1）新建"日历表"。选择【建模】功能区，单击【新建表】，在编辑栏中输入 DAX 语句："日历表 = ADDCOLUMNS (CALENDAR (date(2017,1,1),date(2021,12,31)), " 年 ", YEAR ([Date]))"，如图 5-45 所示。

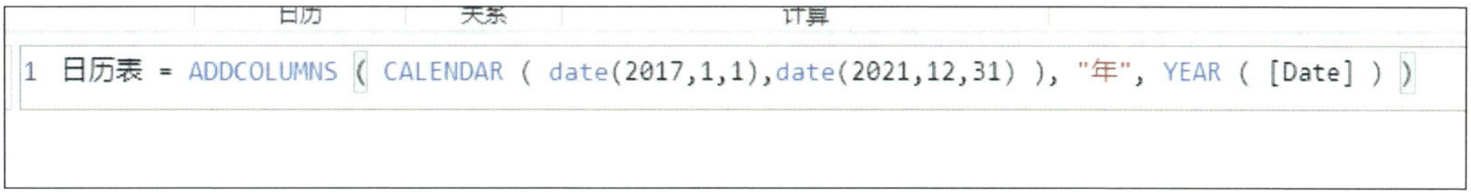

图5-45　新建"日历表"

输入后，按【Enter】键或单击"√"确认。

（2）进入数据关系界面。选择【模型视图】即【 】图标，进入数据关系页面，如图 5-46 所示。

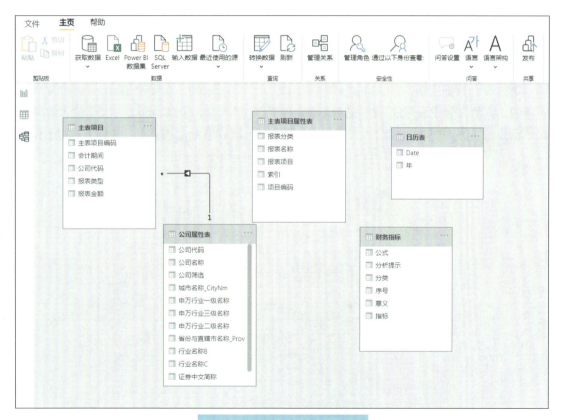

图5-46　数据关系界面

（3）通过鼠标拖拽建立关系。依次建立如下关系：
①建立主表项目"会计期间"与日历表"Date"的关系。
②建立主表项目"主表项目编码"与主表项目属性表"项目编码"的关系。
最终数据关系如图 5-47 所示。

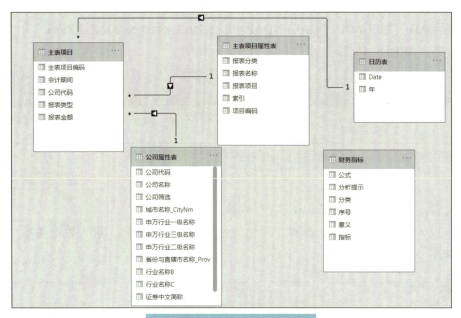

图5-47 最终数据关系

第四步：数据度量。

（1）新建"01-主表度量"表。选择【报表视图】，进入【主页】功能区，单击【输入数据】，在"创建表"界面中，名称输入"01-主表度量"，最后单击【加载】，如图5-48所示。

图5-48 新建"01-主表度量"表

采用同样的步骤，新建"02-指标度量"表。

（2）新建度量值。在【字段】区域中选择"01-主表度量"，选择【新建度量值】，新建以下共28个度量值，具体见表5-6。

表5-6 新建度量值表

名　　称	度量值DAX语句
01-01 主表度量	= SUM('主表项目'[报表金额])
01-02 主表数据	= CALCULATE(VAR X = MAX('日历表'[Date]) RETURN CALCULATE([01-01 主表度量] , '日历表'[Date] = X))
01-03 应收账款	= CALCULATE([01-02 主表数据] , FILTER('主表项目','主表项目'[主表项目编码] = "BSG013"))
01-04 存货	= CALCULATE([01-02 主表数据] , FILTER('主表项目','主表项目'[主表项目编码] = "BSG027"))
01-05 流动资产合计	= CALCULATE([01-02 主表数据] , FILTER('主表项目','主表项目'[主表项目编码] = "BSG031"))
01-06 无形资产	= CALCULATE([01-02 主表数据] , FILTER('主表项目','主表项目'[主表项目编码] = "BSG050"))
01-07 资产总计	= CALCULATE([01-02 主表数据] , FILTER('主表项目','主表项目'[主表项目编码] = "BSG059"))
01-08 应付票据	= CALCULATE([01-02 主表数据] , FILTER('主表项目','主表项目'[主表项目编码] = "BSG069"))
01-09 一年内到期的非流动负债	= CALCULATE([01-02 主表数据] , FILTER('主表项目','主表项目'[主表项目编码] = "BSG091"))
01-10 流动负债合计	= CALCULATE([01-02 主表数据] , FILTER('主表项目','主表项目'[主表项目编码] = "BSG094"))
01-11 负债合计	= CALCULATE([01-02 主表数据] , FILTER('主表项目','主表项目'[主表项目编码] = "BSG107"))
01-12 所有者权益合计	= CALCULATE([01-02 主表数据] , FILTER('主表项目','主表项目'[主表项目编码] = "BSG125"))
01-13 营业收入	= CALCULATE([01-02 主表数据] , FILTER('主表项目','主表项目'[主表项目编码] = "ISG002"))
01-14 营业成本	= CALCULATE([01-02 主表数据] , FILTER('主表项目','主表项目'[主表项目编码] = "ISG019"))
01-15 所得税费用	= CALCULATE([01-02 主表数据] , FILTER('主表项目','主表项目'[主表项目编码] = "ISG049"))
01-16 净利润	= CALCULATE([01-02 主表数据] , FILTER('主表项目','主表项目'[主表项目编码] = "ISG052"))
01-17 其中：利息费用(财务费用)	= CALCULATE([01-02 主表数据] , FILTER('主表项目','主表项目'[主表项目编码] = "ISG062"))
01-18 存货（上年）	= CALCULATE([01-04 存货] , SAMEPERIODLASTYEAR('日历表'[Date]))
01-19 应收账款（上年）	= CALCULATE([01-03 应收账款] , SAMEPERIODLASTYEAR('日历表'[Date]))
01-20 流动资产（上年）	= CALCULATE([01-05 流动资产合计] , SAMEPERIODLASTYEAR('日历表'[Date]))
01-21 资产总计（上年）	= CALCULATE([01-07 资产总计] , SAMEPERIODLASTYEAR('日历表'[Date]))
01-22 所有者权益（上年）	= CALCULATE([01-12 所有者权益合计] , SAMEPERIODLASTYEAR('日历表'[Date]))
01-23 负债合计（上年）	= CALCULATE([01-11 负债合计] , SAMEPERIODLASTYEAR('日历表'[Date]))
01-24 营业收入（上年）	= CALCULATE([01-13 营业收入] , SAMEPERIODLASTYEAR('日历表'[Date]))
01-25 营业税金及附加	= CALCULATE([01-02 主表数据] , FILTER('主表项目','主表项目'[主表项目编码] = "ISG029"))
01-26 销售费用	= CALCULATE([01-02 主表数据] , FILTER('主表项目','主表项目'[主表项目编码] = "ISG032"))
01-27 管理费用	= CALCULATE([01-02 主表数据] , FILTER('主表项目','主表项目'[主表项目编码] = "ISG033"))
01-28 财务费用	= CALCULATE([01-02 主表数据] , FILTER('主表项目','主表项目'[主表项目编码] = "ISG034"))

选中"列1",鼠标右击选择【从模型中删除】。

在【字段】区域中选择"02-指标度量",选择【新建度量值】,新建以下共25个度量值,具体见表5-7所示。

表5-7 新建度量值表

名　　称	度量值DAX语句
02-01 流动比率	= DIVIDE([01-05 流动资产合计] , [01-10 流动负债合计])
02-02 速动比率	= DIVIDE([01-05 流动资产合计] - [01-04 存货] , [01-10 流动负债合计])
02-03 资产负债率	= ROUND(DIVIDE([01-11 负债合计] , [01-07 资产总计]) * 100 , 2)
02-04 产权比率	= DIVIDE([01-11 负债合计] , [01-12 所有者权益合计])
02-05 权益乘数	= DIVIDE([01-07 资产总计] , [01-12 所有者权益合计])
02-06 有形净值债务率	= ROUND(DIVIDE([01-11 负债合计] , [01-12 所有者权益合计] - [01-06 无形资产]) * 100 , 2)
02-07 已获利息倍数	= DIVIDE([01-16 净利润] + [01-17 其中:利息费用(财务费用)] + [01-15 所得税费用] , [01-17 其中:利息费用(财务费用)])
02-08 销售净利润率	= ROUND(DIVIDE([01-16 净利润] , [01-13 营业收入]) * 100 , 2)
02-09 销售毛利率	= ROUND(DIVIDE([01-13 营业收入] – [01-14 营业成本] , [01-13 营业收入]) * 100 , 2)
02-10 资产净利率	= ROUND(DIVIDE([01-16 净利润] , DIVIDE([01-21 资产总计（上年）] + [01-07 资产总计] , 2)) * 100 , 2)
02-11 净资产收益率	= ROUND(DIVIDE([01-16 净利润] , DIVIDE([01-22 所有者权益（上年）] + [01-12 所有者权益合计] , 2)) * 100 , 2)
02-12 总资产报酬率	= ROUND(DIVIDE([01-16 净利润] + [01-15 所得税费用] + [01-28 财务费用] , ([01-07 资产总计] + [01-21 资产总计（上年）])/2) *100 , 2)
02-13 成本费用利润率	= ROUND(DIVIDE([01-13 营业收入] – [01-14 营业成本] , [01-14 营业成本]+[01-25 营业税金及附加]+[01-26 销售费用]+[01-27 管理费用]+[01-28 财务费用]) *100 , 2)
02-14 总资产周转率	= DIVIDE([01-13 营业收入] , DIVIDE([01-21 资产总计（上年）] + [01-07 资产总计] , 2))
02-15 存货周转率	= DIVIDE([01-14 营业成本] , DIVIDE([01-18 存货（上年）] + [01-04 存货] , 2))
02-16 存货周转天数	= DIVIDE(360 , [02-15 存货周转率])
02-17 应收账款周转率	= DIVIDE([01-13 营业收入] , DIVIDE([01-19 应收账款（上年）] + [01-03 应收账款] , 2))
02-18 应收账款周转天数	= DIVIDE(360 , [02-17 应收账款周转率])
02-19 营业周期	= [02-16 存货周转天数] + [02-18 应收账款周转天数]
02-20 流动资产周转率	= DIVIDE([01-13 营业收入] , DIVIDE([01-20 流动资产（上年）] + [01-05 流动资产合计] , 2))
02-21 股东权益增长率	= ROUND (DIVIDE([01-12 所有者权益合计] – [01-22 所有者权益（上年）] , [01-22 所有者权益（上年）]) *100 , 2)
02-22 收入增长率	= ROUND (DIVIDE([01-13 营业收入] – [01-24 营业收入（上年）] , [01-24 营业收入（上年）]) *100 , 2)
02-23 资产增长率	= ROUND (DIVIDE([01-07 资产总计] – [01-21 资产总计（上年）] , [01-21 资产总计（上年）]) *100 , 2)

（续）

名　　称	度量值DAX语句
02-24 财务指标	= SWITCH(TRUE(), SELECTEDVALUE('财务指标'[指标])="流动比率",[02-01 流动比率], SELECTEDVALUE('财务指标'[指标])="速动比率", [02-02 速动比率], SELECTEDVALUE('财务指标'[指标])="资产负债率",[02-03 资产负债率], SELECTEDVALUE('财务指标'[指标])="产权比率",[02-04 产权比率], SELECTEDVALUE('财务指标'[指标])="权益乘数",[02-05 权益乘数], SELECTEDVALUE('财务指标'[指标])="有形净值债务率",[02-06 有形净值债务率], SELECTEDVALUE('财务指标'[指标])="已获利息倍数",[02-07 已获利息倍数], SELECTEDVALUE('财务指标'[指标])="销售净利润率",[02-08 销售净利润率], SELECTEDVALUE('财务指标'[指标])="销售毛利率",[02-09 销售毛利率], SELECTEDVALUE('财务指标'[指标])="资产净利率",[02-10 资产净利率], SELECTEDVALUE('财务指标'[指标])="净资产收益率",[02-11 净资产收益率], SELECTEDVALUE('财务指标'[指标])="总资产报酬率",[02-12 总资产报酬率], SELECTEDVALUE('财务指标'[指标])="成本费用利润率",[02-13 成本费用利润率], SELECTEDVALUE('财务指标'[指标])="总资产周转率",[02-14 总资产周转率], SELECTEDVALUE('财务指标'[指标])="存货周转率",[02-15 存货周转率], SELECTEDVALUE('财务指标'[指标])="存货周转天数",[02-16 存货周转天数], SELECTEDVALUE('财务指标'[指标])="应收账款周转率",[02-17 应收账款周转率],SELECTEDVALUE('财务指标'[指标])="应收账款周转天数",[02-18 应收账款周转天数], SELECTEDVALUE('财务指标'[指标])="营业周期",[02-19 营业周期], SELECTEDVALUE('财务指标'[指标])="流动资产周转率",[02-20 流动资产周转率], SELECTEDVALUE('财务指标'[指标])="股东权益增长率",[02-21 股东权益增长率], SELECTEDVALUE('财务指标'[指标])="收入增长率",[02-22 收入增长率], SELECTEDVALUE('财务指标'[指标])="资产增长率",[02-23 资产增长率])
02-25 财务指标（上年）	= CALCULATE([02-24 财务指标] , SAMEPERIODLASTYEAR('日历表'[Date]))

选中"列1"，鼠标右击选择【从模型中删除】。

第五步：数据可视化。

（1）报表页面设置。

①设置页面大小。选择【报表视图】，即【 ］，进入报表界面，选择位于【可视化】区域下方、搜索框上方的第二个图标【 】，即【格式】，选择【页面大小】，在【类型】下拉列表中选择【自定义】，页面的大小调整为宽度1920像素，高度1080像素，如图5-49所示。操作完折叠【页面大小】。

②添加映像。鼠标选择【页面背景】，单击【添加映像】，选择本地数据源中的"背景图"，单击"打开"，然后设置背景参数，将【透明度】调至"0"，【图像匹配度】选择"匹配度"，然后选择【视图】功能区，在【页面视图】下拉列表中选择【适应宽度】，操作后的效果如图5-50所示。

图5-49　自定义页面大小

（2）创建视觉对象"文本框"：页面表头。

①选择【插入】功能区，单击【文本框】，在插入的文本框内输入文本"财务指标"。

②设置属性：字体颜色为"白色"、字号为20磅。

注意：用鼠标拖住文本框上方的"…"可以移动文本框的位置，拖拽文本框的边框可以调整大小。

图5-50 设置页面背景

③背景的透明度设置为100%（或直接将背景关闭）。操作后的效果如图5-51所示。

(3) 创建视觉对象"切片器"：时间切片器。

①选择【可视化】区域的"切片器"选项，即 图标，然后将【字段】区域中"日历表"中的"年"拖拽至"字段"中。

②调整格式：

【切片器标头】属性：字体颜色为白色。

【数值输入】属性：字体颜色为白色，背景为黑色，文本大小为12磅。

【滑块】属性：颜色为白色。

【背景】属性：关。

其他设置为默认即可。

③拖拽"年"到筛选器"此页上的筛选器"添加位置，筛选类型为"基本筛选"，勾选"2017、2018、2019、2020、2021"5个年份。时间切片器放置在右上角区域，操作后效果如图5-52所示。

图5-51 创建文本框"财务指标"

图5-52 创建时间切片器

(4) 创建视觉对象"切片器"：申万行业切片器。

①选择【可视化】区域的"切片器"选项，即 图标，然后将【字段】区域中"公司属性表"中的"申万行业一级名称"和"申万行业三级名称"拖拽至"字段"中（注意顺序）。

②拖拽"申万行业三级名称"到筛选器"此页上的筛选器"添加位置，筛选类型为"基

本筛选",搜索并勾选欢乐家所属的三级行业:软饮料。

③单击切片器右上角的箭头图标,在下拉列表中选择"下拉"。

④调整格式:

【切片器标头】属性:标题文本为申万行业,字体颜色为白色,文本大小为12磅。

【项目】属性:字体颜色为白色,背景为黑色,文本大小为12磅。

【标题】属性:关。

【背景】属性:关。

其他设置为默认即可。操作后效果如图5-53所示。

图5-53 创建行业切片器

(5)创建视觉对象"切片器":公司切片器。

①选择【可视化】区域的"切片器"选项,即【▦】图标,然后将【字段】区域中"公司属性表"中的"公司筛选"拖拽至"字段"中。

②单击切片器右上角的箭头图标,在下拉列表中选择"下拉"。

③调整格式:

【切片器标头】属性:标题文本为公司,字体颜色为白色,文本大小为12磅。

【项目】属性:字体颜色为白色,背景为黑色,文本大小为12磅。

【标题】属性:关。

【背景】属性:关。

其他设置为默认即可。最后调整对象的位置、大小。操作后效果如图5-54所示。

图5-54 创建公司切片器

(6)创建视觉对象"切片器":财务指标。

①选择【插入】功能区,单击【形状】,选择【矩形】,填充颜色选择白色,边框颜色也选择白色,拖动调整大小。

②选择【可视化】区域的"切片器"选项,即【▦】图标,然后将【字段】区域中"财

务指标"中的"分类"和"指标"拖拽至"字段"中（注意顺序）。

③ 单击切片器右上角的箭头图标，在下拉列表中选择"下拉"。

④ 调整格式：

【选择控件】属性：开。

【切片器标头】属性：标题文本为财务指标。

【边框】属性：开。

其他设置为默认即可。操作后效果如图 5-55 所示。

（7）创建视觉对象"表"。

① 选择【插入】功能区，单击【形状】，选择【矩形】，填充颜色选择白色。通过快捷键【Ctrl+C】【Ctrl+V】复制粘贴两个"矩形"，并调整大小、位置。

② 选择【可视化】区域的"表"选项，即【▦】图标。在三个矩形区域内创建三个表。

③ 设置表格数据：

第一个表：将【字段】区域中"财务指标"中的"意义"拖拽至"值"中；

第二个表：将【字段】区域中"财务指标"中的"分析提示"拖拽至"值"中；

图5-55　创建财务指标切片器

第三个表：将【字段】区域中"财务指标"中的"公式"拖拽至"值"中。

④ 调整格式。按住【Ctrl】键，选中三个"表"对象依次进行下列格式调整：

【网格】属性：轮廓线颜色为 #C8C6C4。

【列标题】属性：文本大小为 12 磅。

其他设置为默认即可。操作后的效果如图 5-56 所示。

图5-56　创建表

（8）创建视觉对象"折线图"。

① 通过快捷键【Ctrl+C】【Ctrl+V】复制粘贴一个矩形，并调整大小、位置。

② 选择【可视化】区域的"折线图"选项，即【📈】图标，将折线图放置在白色矩形当中，然后将【字段】区域中"日历表"中的"年"拖拽至"轴"中，将"02-指标度量"

中的"02-24财务指标"拖拽至"值"中,将"02-24财务指标"重命名为"财务指标"。

③调整格式:

单击"格式",即【 ？】图标:

【X轴】属性:文本大小为12磅,标题为关。

【Y轴】属性:文本大小为12磅,标题为关。

【数据颜色】属性:财务指标为#FF1028(红色)。

【数据标签】属性:开,颜色为白色,值的小数位为2,文本大小为12磅,显示背景为开,背景色为#252423,透明度为0。

【形状】属性:显示标记为开。

【标题】属性:单击标题文本图标,在弹出的对话框中"依据为字段"下拉列表中选择"财务指标"下的"指标","摘要"中出现"首先",单击【确定】。字体颜色为白色,对齐方式为居中,字体颜色为白色,背景颜色为白色,对齐方式为居中,文本大小为14磅。

【背景】属性:关。

【边框】属性:开。

单击"分析",即【 ◉ 】图标:

【趋势线】属性:单击"添加"。

【平均值线】属性:单击"添加",将"平均值线1"重命名为"平均值",颜色为#D9B300,透明度为0。数据标签为开,颜色为#D9B300,文本为名称和值。

最后调整对象大小、位置,操作后的效果如图5-57所示。

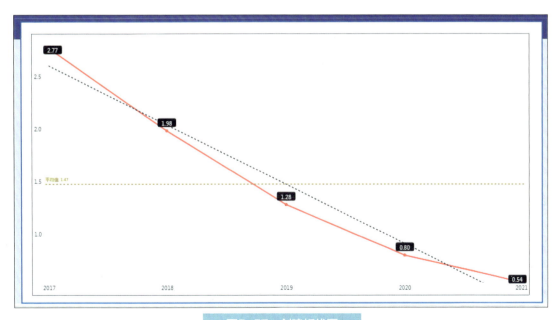

图5-57 创建折线图

由于案例中的欢乐家食品集团股份有限公司属于软饮料行业,即食品饮料行业,将申万行业筛选为"食品饮料",公司选择为"欢乐家",最终的呈现效果如图5-58所示。

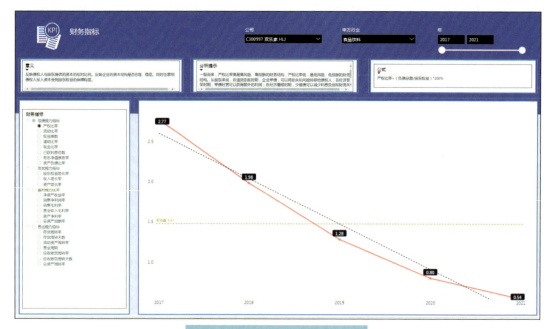

图5-58 最终的呈现效果

说明：上述页面可以选择不同年份、不同的财务指标，选定好以后，折线图会自动更新数据。

（9）分析。通过初步阅读欢乐家食品集团股份有限公司的财务指标内容，可以对公司的偿债能力、营运能力、盈利能力与发展能力四个方面进行分析。

1）偿债能力。

① 短期偿债能力：公司短期偿债能力的衡量指标主要可以参考流动比率和速动比率。

公司的流动比率、速动比率近几年来都是逐年提高，2017年流动比率为0.61，2021年增加到1.57。2017年的速动比率为0.3，2021年增加到1.28。这些都可以说明公司的短期偿债能力在增强。

② 长期偿债能力：公司长期偿债能力的衡量指标主要可以参考资产负债率、产权比率等。

公司的资产负债率、产权比率近几年来都是逐年降低，2017年资产负债率为73.45%，2021年降低到35.13%，说明公司的财务风险在降低，增强了债权人对公司出借资金的信心。2017年的产权比率为277%，2021年降低到54%，说明公司的长期偿债能力在逐渐增强。

2）营运能力。公司营运能力的衡量指标主要有应收账款周转率、存货周转率以及总资产周转率等。

公司的应收账款周转率呈现出先下降后上升的反复波动趋势，2017年应收账款周转率为14.84，2018年降低到9.76，2019年又升高到14.41，接着一直下降，2021年降到9.42。公司的存货周转率呈现出先下降后上升的趋势，2017年存货周转率为5.85，2018年降低到3.35，从2019年开始一直回升，2021年升高到6.35。公司的总资产周转率呈现出先下降后稳定的趋势，2017年总资产周转率为1.82，2018年降低到1，2019年略有上升，然后又开始下降，趋于平稳，2021年降到0.91。总体来说公司的营运能力不高。

3）盈利能力。公司盈利能力的衡量指标主要有销售毛利率、成本费用利润率、净资产收益率等。

公司的销售毛利率呈现出先上升后下降的趋势，2017年销售毛利率为31.97%，到2020年上升到39.41%，增长速度很快，然后2021年下降到36.05%。公司的成本费用利润率呈现出与销售毛利率相同的趋势，2017年成本费用利润率为36.31%，到2020年上升到49.62%，增长速度很快，然后2021年下降到43.94%。公司的净资产收益率呈现出逐年下降的趋势，2017年净资产收益率为47.97%，逐年下降，到2021年下降到18.6%。总体来说公司主营业务盈利能力有所下降。

4）发展能力。公司发展能力的衡量指标主要有收入增长率、资产增长率、股东权益增长率等。

公司的收入增长率呈现出先下降后上升的趋势，2017年收入增长率为13.39%，到2020年下降到–12.44%，下降速度很快，然后2021年又突然上升到18.1%。公司的资产增长率呈现出与收入增长率相同的趋势，但是下降得平缓些。2017年资产增长率为5.94%，到2020年下降到–4.43%，然后2021年突然上升到40.29%。公司的股东权益增长率也呈现出逐年下降趋势，2017年股东权益增长率为33.86%，2020年下降到21.17%，然后2021年突然上升到63.68%。总体来说公司的发展能力波动较为明显，呈现出不稳定态势。

[任务小结]

本任务对财务指标进行可视化设计与应用，将原始的企业历年财务报表的数据非常直观地展现出来。同学们在学习与操作的过程中要结合企业实际情况从偿债能力、营运能力、盈利能力以及发展能力四个方面进行分析，帮助企业进行合理的财务决策。

根据项目五所学内容，利用Power BI，结合欢乐家食品集团股份有限公司案例资料对公司股票市值变动，以及指标金额等进行可视化设计，制作完成一份"股票分析可视化设计"的作品及分析报告。

参 考 文 献

[1] 刘捷萍. Excel 在财务管理中的应用 [M]. 4 版. 北京：高等教育出版社，2019.
[2] 马世权. 从 Excel 到 Power BI：商业智能数据分析 [M]. 北京：电子工业出版社，2018.
[3] 李延钢. Excel 在财务中的应用 [M]. 沈阳：东北大学出版社，2016.
[4] 韩春玲. Excel 数据处理与可视化 [M]. 北京：电子工业出版社，2020.